中国石油天然气集团有限公司统建培训资源

炼化企业班组长题库

《炼化企业班组长题库》编委会 编

石 油 工 业 出 版 社

内容提要

本书主要内容为炼化企业班组长题库，包括概述、班组基础管理、班组安全管理、班组质量管理、班组环境保护管理、班组设备管理、班组现场管理、班组经济核算管理、班组绩效管理、班组管理技术与方法、班组组织及团队建设、班组长的素质与能力培养、班组思想政治工作及文化建设、班组员工心理健康与疏导等内容。

本书可作为炼化企业班组长培训的考核测试教材。

图书在版编目（CIP）数据

炼化企业班组长题库／《炼化企业班组长题库》编委会编． －－北京：石油工业出版社，2025．3．

（中国石油天然气集团有限公司统建培训资源）．

ISBN 978－7－5183－6889－1

Ⅰ．F407.22－44

中国国家版本馆 CIP 数据核字第 2024G4S193 号

出版发行：石油工业出版社

（北京市朝阳区安华里二区 1 号　100011）

网　　址：www.petropub.com

编辑部：（010）64251613

图书营销中心：（010）64523633

经　　销：全国新华书店

印　　刷：北京中石油彩色印刷有限责任公司

2025 年 3 月第 1 版　2025 年 3 月第 1 次印刷

787 毫米×1092 毫米　开本：1/16　印张：10

字数：240 千字

定价：35.00 元

（如出现印装质量问题，我社图书营销中心负责调换）

版权所有，翻印必究

《炼化企业班组长题库》编委会

主　　任：郝枫林

副 主 任：杨　成　杨　钊　赵晓红

委　　员：王金娜　韩　楠　宋龙鸣

《炼化企业班组长题库》编审组

主　　编：杨　成
副 主 编：赵晓红
编写人员：王金娜　韩　楠　边　江　张凤光　韩　威
　　　　　王世鑫　马　述　倪大龙
审定人员：郝枫林　杨　钊　宋龙鸣

前言

新时代提出推进新型工业化，加快建设制造强国。生产企业及班组是制造业最基本的生产单元，是生产经营的执行者、管理工作的落实者。随着中国石油天然气集团有限公司（以下简称中国石油）全流程数字化培训工作的推进，班组长履职能力"学分制"的实施，班组长培训方式方法的不断更新迭代，在编写完成一部适合现代炼化企业班组长的培训教材后，构建一套与之配套的题库体系，以更加系统地量化班组长能力素质，加速企业内部知识共享和互动交流，就显得尤为重要。为此，在中国石油人力资源部员工培训处、石油工业出版社统一安排下，先后组织召开大纲审稿会及审定会，邀请行业专家建言献策，成立了以抚顺石化公司为主编单位，兰州石化、长庆石化、宁夏石化等企业共同参与的编审组，推出了本套题库。

参与本题库编写和审定的人员分工如下：王世鑫：第一章、第二章；韩威：第三章；马述：第四章、第五章；韩楠：第六章、第十二章、第十四章；张凤光：第七章；倪大龙：第八章；边江：第九章、第十章、第十一章；王金娜：第十三章、第十五章；抚顺石化公司赵晓红负责本题库的协调工作。在编写过程中还得到了鲍伟、莫如锋、罗金海、朱志军等领导的支持和帮助。石油工业出版社为推动本题库出版做出了积极的贡献。

由于时间仓促、水平有限，题库中仍难免有不足之处，恳请使用者批评指正。

目 录

第一章　概述	1
一、单项选择题	1
二、多项选择题	1
三、判断题	1
四、简答题	2
参考答案	3
第二章　班组基础管理	4
一、单项选择题	4
二、多项选择题	8
三、判断题	11
四、简答题	14
参考答案	17
第三章　班组生产管理	21
一、单项选择题	21
二、多项选择题	26
三、判断题	30
四、简答题	34
参考答案	38
第四章　班组安全管理	44
一、单项选择题	44
二、多项选择题	48
三、判断题	51
四、简答题	54
参考答案	57
第五章　班组质量管理	62
一、单项选择题	62
二、多项选择题	62
三、判断题	62

四、简答题	63
参考答案	64

第六章　班组环境保护管理

一、单项选择题	66
二、多项选择题	67
三、判断题	68
四、简答题	69
参考答案	71

第七章　班组设备管理

一、单项选择题	73
二、多项选择题	77
三、判断题	80
四、简答题	83
参考答案	86

第八章　班组现场管理

一、单项选择题	90
二、多项选择题	93
三、判断题	96
四、简答题	99
参考答案	102

第九章　班组经济核算管理

一、单项选择题	106
二、多项选择题	107
三、判断题	108
四、简答题	109
参考答案	110

第十章　班组绩效管理

一、单项选择题	111
二、多项选择题	112
三、判断题	113
四、简答题	114
参考答案	115

第十一章　班组管理技术与方法

一、单项选择题	117
二、多项选择题	118

三、判断题 ·· 119
　　四、简答题 ·· 120
　　参考答案 ·· 121

第十二章　班组组织及团队建设 123
　　一、单项选择题 ·· 123
　　二、多项选择题 ·· 124
　　三、判断题 ·· 126
　　四、简答题 ·· 127
　　参考答案 ·· 128

第十三章　班组长的素质与能力培养 130
　　一、单项选择题 ·· 130
　　二、多项选择题 ·· 133
　　三、判断题 ·· 135
　　四、简答题 ·· 137
　　参考答案 ·· 139

第十四章　班组思想政治工作及文化建设 141
　　一、单项选择题 ·· 141
　　二、多项选择题 ·· 142
　　三、判断题 ·· 143
　　四、简答题 ·· 144
　　参考答案 ·· 146

第十五章　班组员工心理健康与疏导 148
　　一、单项选择题 ·· 148
　　二、多项选择题 ·· 148
　　三、判断题 ·· 148
　　参考答案 ·· 149

第一章 概 述

一、单项选择题（每题4个选项，只有1个是正确的，将正确的选项号填入括号内）

1. 企业里根据管理体制的职能界定而设立的最基层生产组织是（　　）。
   A. 班组　　　　B. 车间　　　　C. 科室　　　　D. 设计所
2. 班组管理的职能是对班组的（　　）合理组织、有效利用。
   A. 生产要素　　B. 管理要素　　C. 安全要素　　D. 环境要素
3. 班组管理是（　　）和班组成员共同参与、完成既定生产任务、实现目标的动态过程。
   A. 科长　　　　B. 主任　　　　C. 班组长　　　D. 部长
4. 班组的特点是其特殊生产方式、生产环境、（　　）的客观反映。
   A. 地理位置　　B. 重要作用　　C. 组织结构　　D. 人文状态
5. 班组是企业运行机制中最活跃的（　　）。
   A. 细胞　　　　B. 人物　　　　C. 机构　　　　D. 单位

二、多项选择题（每题有4个选项，至少有2个是正确的，将正确的选项号填入括号内）

1. 根据企业生产实际，适应生产运行特点和规律，科学确定和把握班组功能。班组功能包括（　　）、挖潜创效功能、和谐稳定功能、企业文化创造功能。
   A. 生产保障功能　B. 安全检查功能　C. 对外宣传功能　D. 育人成才功能
2. 把握住班组的特点，就找到了班组管理和建设的支点，班组的特点有生产特点、组织特点、（　　）。
   A. 检查特点　　B. 产品特点　　C. 管理特点　　D. 记录特点
3. 班组长俗称企业基层组织的兵头将尾，集执行、领导、操作职能于一身，在班组中实际是执行管理的职能，他（她）有（　　）的地位。
   A. 对上承接　　B. 对下实施　　C. 对上阿谀　　D. 对下霸道

三、判断题（对的画"√"，错的画"×"）

（　　）1. 班组按工作任务、性质一般可分为二类：加工装置生产操作班组、生产检修维护及辅助班组。
（　　）2. 班组是企业生产任务的直接承担者，财富的创造者，班组的生产保障功能应是班组的首要功能。
（　　）3. 班组管理的特点是：精、细、全、严和实。
（　　）4. 班组长只要完成上级下达的生产任务，认真组织生产，保质、保量、保时均衡地完成生产任务，没必要维护班组成员的切身利益。

(　　) 5. 班组长虽然是班组权力的核心，处于班组的领导地位，只要听从上级的领导就行，没必要排除各种障碍完成任务和实现目标。

四、简答题

1. 班组的生产特点有哪些？

2. 班组长的工作职责有哪些？

参考答案

一、单项选择题

1. A　　2. B　　3. C　　4. D　　5. A

二、多项选择题

1. AD　　2. BC　　3. AB

三、判断题

1. ×　正确答案：班组按工作任务、性质一般可分为三类：加工装置生产操作班组、生产检修维护及辅助班组、后勤服务班组。
2. √
3. √
4. ×　正确答案：班组长在管理班组员工的同时，也要对他们的切身利益进行维护，防止员工合法利益受到损害。
5. ×　正确答案：班组长是班组权力的核心，处于班组的领导地位，要有排除各种障碍，完成任务和实现目标的能力。

四、简答题

1. （1）生产装备的大型、联合、系统化；（0.2）
   （2）生产过程的高速化、自动化、信息化、连续性、周期性、重复性；（0.3）
   （3）生产过程的风险性，三高：高温、高压、高危；三易：易燃、易爆、易污；三有：有毒、有害、有腐蚀；（0.3）
   （4）生产过程的标准化、系列化。（0.2）
2. （1）对班组工作负全责；（0.1）
   （2）完成班组生产任务；（0.1）
   （3）贯彻上级政策、法规、制度；（0.2）
   （4）承担教育培训工作；（0.1）
   （5）组织落实各项管理工作；（0.1）
   （6）科学组织班组各项活动；（0.1）
   （7）加强团队建设，搞好技术演练；（0.2）
   （8）加强班组文明建设。（0.1）

第二章　班组基础管理

一、单项选择题（每题4个选项，只有1个是正确的，将正确的选项号填入括号内）

1. 现代班组管理是综合管理、专业管理与（　　）的有机组合。
   A. 基础管理　　B. 计量管理　　C. 信息管理　　D. 数据管理
2. 班组基础管理工作主要包括资料、计量、标准化、制度、流程、信息、定额、（　　）等方面的内容。
   A. 书法　　B. 培训　　C. 专业　　D. 数据
3. （　　）贯穿于企业的整个生产过程，是一项不可缺少的基础管理工作。
   A. 基础管理　　B. 企业规划　　C. 计量管理　　D. 人员管理
4. 企业内的一切流程都应以（　　）为根本依据，尤其是管理流程。
   A. 基础管理　　B. 信息管理　　C. 企业生产　　D. 企业目标
5. （　　）是企业生产经营活动中，人力，物力，财力的配备，利用和消耗等应遵守的标准，以及对获得成果应达到的水平的规定。
   A. 定额　　B. 信息　　C. 规划　　D. 目标
6. 班组基础管理（　　）主要体现在基础管理范围及内容的相对稳定，不能随意压缩和扩展，也不能随意增删。
   A. 基础性原则　　B. 稳定性原则　　C. 系统性原则　　D. 实用性原则
7. 班组基础管理工作必须满足班组生产目的和目标要求，在基础管理的内容、方法、技术上要特别强调（　　）。
   A. 基础性原则　　B. 稳定性原则　　C. 系统性原则　　D. 实用性原则
8. 随着企业生产技术装备的快速发展，内部体制的变革和运行机制的转换，班组管理的现代化水平不断提高，客观上要求班组的基础管理工作必须要有（　　）。
   A. 基础性原则　　B. 稳定性原则　　C. 趋前性原则　　D. 实用性原则
9. 班组（　　）是为了提高员工的技术素质和操作能力。
   A. 技能培训　　B. 管理培训　　C. 学习氛围　　D. 学习环境
10. （　　）是人才培养的平台，培训工作是班组工作中一项重要的基础工作。
    A. 车间　　B. 班组　　C. 大队　　D. 办公室
11. 班组培训工作应贴近生产，立足岗位，强化（　　），促进岗位成才。
    A. 服务意识　　B. 理论知识　　C. 生产技能培训　　D. 学习能力培养
12. 应建立和完善岗位技能培训机制，并实行严格的考核制度，未经培训或技能考核不合格者（　　）。
    A. 能上岗　　B. 可以上岗　　C. 将就上岗　　D. 不得上岗
13. 学习是一种（　　），创建学习型班组不但要有方法，有措施，还要有平台。

A. 能力　　　　　B. 态度　　　　　　C. 心态　　　　　　D. 责任

14. （　　）是指以符合外部标准和内部标准为基础的管理体系。
A. 标准化管理　　B. 设备管理　　　　C. 制度管理　　　　D. 计量管理

15. 班组制度一般分为（　　）和综合管理两大类。
A. 培训制度　　　B. 操作规程　　　　C. 岗位责任制　　　D. 交接班制度

16. 班组长执行制度要（　　），班组长在制度执行中要注重群众性和真实性，更要强调领导的示范性、引导性。
A. 以我为主　　　B. 独身事外　　　　C. 以身作则　　　　D. 公平

17. 班组流程管理是一种以持续提高组织（　　）为目的的系统化方法。
A. 流程质量　　　B. 资源分配　　　　C. 时间安排　　　　D. 业务绩效

18. 李经理决定对部门推行目标管理，为此先召集班长们讨论对目标管理的认识和理解，下列说法不正确的是（　　）。
A. 于班长认为目标管理是促进权力下放的参与式管理
B. 张班长认为目标管理强调员工参与，强调员工自我管理与控制
C. 王班长认为目标管理是以结果为导向的管理，因此对班组员工工作过程要采取不监督不过问的管理方式
D. 小李班长认为目标管理强调团队合作和结果，注重系统方法，但也对过程进行适度的监督控制

19. 制定定额的基本要求是（　　）。
A. 稳、准、狠　　B. 快、准、全　　　C. 快、准、狠　　　D. 稳、快、全

20. 制定定额的三个方面，（　　）是关键。所以制定定额时要注意提高定额的质量。
A. 稳　　　　　　B. 快　　　　　　　C. 准　　　　　　　D. 全

21. （　　）是指班组与班组成员期望达到的一种价值状态、思想诉求和统一指向。
A. 班组理念　　　B. 班组公约　　　　C. 思想文化　　　　D. 技术文化

22. 一支高素质的员工队伍是企业完成生产任务、经济指标的（　　）。
A. 重要保障　　　B. 重要原因　　　　C. 基础　　　　　　D. 制度

23. 定置管理的六个阶段顺序是整理、（　　）、清扫、清洁、素养、安全。
A. 简化　　　　　B. 重排　　　　　　C. 整顿　　　　　　D. 整治

24. 工位器具在现场管理中的主要作用是为了：（　　）、计数、便于运输。
A. 保护　　　　　B. 预防　　　　　　C. 把关　　　　　　D. 安全

25. 班组的四个特点是小、全、细、（　　）。
A. 新　　　　　　B. 实　　　　　　　C. 活　　　　　　　D. 用

26. 改善四项原则是取消、合并、重排、（　　）。
A. 简化　　　　　B. 改变　　　　　　C. 改善　　　　　　D. 改良

27. 对设备控制的"四会"是会使用、会维护、会检查、（　　）。
A. 会排除故障　　B. 会润滑　　　　　C. 会保护　　　　　D. 会建档

28. 检查部门的职能是（　　）、预防、报告。
A. 验收　　　　　B. 把关　　　　　　C. 审核　　　　　　D. 审计

29. 管理的实质就是八个字（　　）。

A. 消除浪费，增加价值　　　　　　B. 加强管理，提高效率
C. 提升管理，解决问题　　　　　　D. 加强管理，拒绝浪费

30. 企业欢迎（　　）型的班组长。
A. 事必躬亲　　B. 惟命是从　　C. 外科医生　　D. 谨小慎微

31. 我国安全生产管理方针是（　　）。
A. 安全第二，生产第一　　　　　　B. 安全第一，预防为主，综合治理
C. 预防为主，防治结合　　　　　　D. 防微杜渐，综合管理

32. 班组计划的执行情况检查一般分为日常检查、定期检查和（　　）。
A. 专项检查　　B. 重点检查　　C. 暗中检查　　D. 听取汇报

33. 施工企业的工程成本包括直接成本和（　　）。
A. 全部成本　　B. 间接成本　　C. 部分成本　　D. 局部成本

34. 对技术工人的岗位培训要本着干什么，学什么和（　　）。
A. 干一行，行一行　　　　　　　　B. 全面发展，都要学
C. 缺什么，补什么　　　　　　　　D. 干什么，精什么

35. 注意班组信息交流和沟通，及时做好上令下达、（　　）工作，及时了解和掌握班组人员动态。。
A. 上下其手　　B. 下情不报　　C. 上下一致　　D. 下情上报

36. 管理评审一般（　　）进行一次。
A. 每年　　　　B. 每两年　　　C. 每12个月　　D. 每九个月

37. 高空作业人员应持有公司颁发的登高证，特殊作业人员应持有（　　）颁发的证件。
A. 公司主管部门　　　　　　　　　B. 政府主管部门
C. 公司人事部门　　　　　　　　　D. 政府培训部门

38. 机械设备运行中，操作人员（　　）必须进行一次例行保养。
A. 每班前　　　B. 下班前　　　C. 每周一　　　D. 每天早上

39. 目视管理是一种以公开化和（　　）显示为特征的管理方式，也可称为看得见的管理和一目了然的管理。
A. 视觉　　　　B. 感觉　　　　C. 公正　　　　D. 公布

40. （　　）的不安全行为和物的不安全状态是导致事故的直接因素。
A. 事件　　　　B. 材料　　　　C. 人　　　　　D. 机

41. 人、机、环境系统本质安全化建设四要素：（　　），机具本质安全化、作业环境和现场管理。
A. 人员本质安全化　　　　　　　　B. 系统安全
C. 人员安全化　　　　　　　　　　D. 人员安全

42. 流程化管理可提高执行力，解决（　　）的问题。
A. 做正确的事　　B. 正确地做事　　C. 认真地做事　　D. 高效地做事

43. 质量改进的第一步"现状调查"是为了（　　）。
A. 掌握全部问题　　　　　　　　　B. 抓住关键的少数
C. 分析原因　　　　　　　　　　　D. 调查分析

第二章　班组基础管理

44. 生产中有三种时间，它们是作业时间、多余时间和（　　　）。
    A. 无效时间　　　B. 精细时间　　　C. 必须时间　　　D. 有效时间

45. 定置管理的重要任务是保持 A 状态，改善 B 状态，消除 C 状态，其中 C 状态就是：（　　　）。
    A. 废弃物
    B. 现场不需要的物品
    C. 废弃物和现场不需要的物品
    D. 有效物品

46. 工艺方法要认真执行的"三按"是（　　　）。
    A. 按图纸、按工艺文件、按质量标准
    B. 按用户要求、按生产实际、按技术标准
    C. 按国家标准、按用户反映、按质量改进
    D. 按图纸、按质量、按安全

47. 团队组织形成的几个阶段说法错误的是（　　　）。
    A. 形成阶段：团队成员总体上有一个积极的愿望
    B. 震荡阶段：成员对自己的角色及职责产生更多的疑问
    C. 规范阶段：成员接收和明确了各自的角色，但团队规则未得到改进和规范性
    D. 表现阶段：成员积极工作、集中精力于实现团队目标

48. 下列不属于"三违"概念的一项（　　　）。
    A. 违章指挥　　B. 违反劳动纪律　　C. 违反操作规程　　D. 违章作业

49. 完整的避雷装置由哪三部分组成（　　　）。
    A. 避雷针、避雷带、避雷网
    B. 接闪器、引下线、接地桩
    C. 避雷针、引下线、接地装置
    D. 放电器、金属构件、接地体

50. 遇有 6 级以上大风和大雪、大雾等恶劣天气时，应（　　　）起重吊装等高空作业。
    A. 停止
    B. 采取保护措施后
    C. 经领导同意
    D. 小心工作

51. 班组在现代企业的管理结构中属于（　　　）。
    A. 基层组织　　　B. 动口组织　　　C. 决策层　　　D. 上层组织

52. 班组长要有民主意识，进行民主决策，利用民主作用，真正做到管理制度化、科学化和（　　　）。
    A. 基础化　　　B. 合理化　　　C. 理性化　　　D. 实用化

53. 在进行班组安全教育时应结合（　　　）进行安全教育。
    A. 职工思想动态
    B. 市场需要
    C. 员工主管需求
    D. 主观臆断

54. 班组长每天上班的第一件事是（　　　）。
    A. 去生产现场
    B. 去车间办公室汇报
    C. 召开班前会
    D. 对生产安排落实

55. 影响产品质量的异常因素其特点是（　　　）。
    A. 可以发现和消除
    B. 不值得消除
    C. 生产工程所固有
    D. 难以消除

56. 下列那一项不属于"5S"范畴内（　　）。
   A. 整理　　　　B. 整顿　　　　C. 节约　　　　D. 素养
57. 马班长曾经是一名很优秀的员工，但升为管理人员后，却遇到了很多麻烦，造成小马目前局面的最大原因在于（　　）。
   A. 他没有实现好角色的转变　　　　B. 他个人能力不强
   C. 他的员工们不配合他的工作　　　D. 他的工作任务太艰难
58. 班组安全管理工作目标明确指出：班组成员的标准化操作应当形成（　　）。
   A. 意识　　　　B. 习惯　　　　C. 观点　　　　D. 标准
59. 作业者在疲惫状态下持续作业，立刻可能发生的直接结果是使工作效率降低、（　　）而且会使作业者作业后的疲惫恢复期延伸。
   A. 易患职业病　　　　　　B. 事故率上涨
   C. 公司经济效益降低　　　D. 公司经济效益增加
60. 对伤亡事故的办理一定恪守（　　）原则。
   A. 从重处分　　B. 重教育　　C. 四不放过　　D. 轻处罚

二、多项选择题（每题有4个选项，至少有2个是正确的，将正确的选项号填入括号内）

1. 基础管理工作处于整个班组管理体系的（　　），各专业管理处于中间层，综合管理则处于（　　）。
   A. 基层　　　　B. 最高层　　　　C. 底层　　　　D. 中层
2. 班组基础管理是指班组生产运行活动中最基础的记录、数据、（　　）和（　　）的管理及基本方式。
   A. 分析　　　　B. 信息　　　　C. 标准　　　　D. 制度
3. 班组资料管理是指在班组生产运行及管理活动过程中所形成的（　　）等。
   A. 文件　　　　B. 记录　　　　C. 图表　　　　D. 声像资料
4. 班组制度是班组成员的行为准则和管理依据，具有法规性、指导性和约束力，也称为内部（　　），是企业内部的（　　）。
   A. 劳动规则　　B. "法律"　　C. 劳动纪律　　D. 纪律
5. 沟通技巧在进行口头语言交流时非常重要，下列说法属于沟通技巧的是（　　）。
   A. 善于与交往者建立良好的关系　　B. 善于助人
   C. 善于聆听　　　　　　　　　　　D. 善于把自己的观点传达给对方
6. 标准化管理的主要内容一般包括班组（　　）标准化、班组（　　）标准化、班组（　　）标准化。
   A. 技术　　　　B. 管理活动　　　C. 工作　　　　D. 任务
7. 下列对同理心的表述，不正确的是（　　）。
   A. 当你表达同理心时，意味着你完全同意对方的观点
   B. 当你表达同理心时，意味着你肯定与对方有着相同的经历
   C. 当你表达同理心时，要站在对方的角度设身处地的思考问题
   D. 当你表达同理心时，说明你确定对方一定能认同你的观点

8. 有些班长是典型的劳模，事必躬亲，劳累不堪，但管理的效果不理想，下列对这一现象的分析不正确的是（　　）。
   A. 此类班组长应提高自己的管理水平
   B. 此类班组长应学会运用现代办公设施
   C. 此类班组长应理解班组长岗位职责，提高管理能力
   D. 此类班组长应加强身体锻炼，拥有健康的体魄
9. 生产管理所追求的目标是（　　）。
   A. 高品质　　　B. 低成本　　　C. 人员控制　　　D. 安全控制
10. 马班长的工作量很大，每天都要加班到很晚，因此他决定给他下属的几个小组长更多地授权，下列说法正确的是（　　）
    A. 对授权过的工作无论怎样都不宜过问
    B. 根据任务，挑选合适的人进行授权
    C. 给予自主权，确保下属获得完成任务所需的权力和资源
    D. 马班长必须明确授权的目的，即授权是发展而不是转嫁责任
11. 归纳起来，班组长的任务有两项，即：（　　）。
    A. 降低成本　　B. 指挥工作　　C. 质量管理　　D. 领导人员
12. PDCA 循环的含义是计划、执行、检查、反馈，其实质是（　　）；而 SDCA 循环的含义是标准化、执行、检查和反馈，其实质是（　　）。
    A. 维持　　　　B. 改进　　　　C. 安全　　　　D. 效率
13. 作业进度控制包括（　　）。
    A. 投入进度控制　B. 产出进度控制　C. 人员表现控制　D. 工序进度控制
14. X 理论认为，人之初（　　）；Y 理论认为人之初（　　）。
    A. 性本善　　　B. 性本恶　　　C. 性不善不恶　　D. 性大善大恶
15. 生产管理所追求的目标有高品质、（　　）。
    A. 低成本　　　B. 交期达成　　C. 人员控制　　　D. 生产环境控制
16. 生产管理的基本内容有生产记录、（　　）。
    A. 生产准备　　B. 生产组织　　C. 生产计划　　　D. 生产控制
17. 下列选项中属于班组长权限的是（　　）。
    A. 员工调配权　　　　　　　　B. 本班组的指挥和管理权
    C. 购买设备权　　　　　　　　D. 合理化建议权
18. 下列关于班组长班会的说法，正确的是（　　）。
    A. 安全工作内容主题明确，针对性强
    B. 以人为本，注意沟通技巧，调动员工工作积极性
    C. 察言观色，关注员工情绪、思想状况变化
    D. 班组长应在班会上解决班组成员当班期间遇到的所有问题
19. 班组长的作用有提高产品质量、提高生产效率、（　　）。
    A. 降低生产成本　B. 避免发生事故　C. 卫生环境整治　D. 生产现场管理
20. 班组基础管理由基础管理相关的基本要素构成完整系统，形成一个有机整体，所以要求管理单元内在（　　），各要素（　　）。

A. 完整无缺陷　　B. 整体划一　　C. 有机关联　　D. 无关联

21. QC 小组成果分（　　）成果和（　　）成果。
A. 有形　　　　B. 无形　　　　C. 最大化　　　D. 最小化

22. 选拔培养班（站）长的基本原则有任人唯贤，群众认可，（　　）。
A. 公开竞争，重点培养　　　　　B. 全面考核，能上能下
C. 激励优秀，鞭策后进　　　　　D. 任人唯亲，为近适用

23. 班站长配置的基本原则是（　　）。
A. 班组人数在 7 人及以下，设班站长一名
B. 班组人数在 8 人及以上，设正副站长各一名
C. 班站长的选聘必须经班员投票表决
D. 班站长的配置采取聘用制，聘期两年。聘用期满，考核合格者可以续聘，考核不合格者予以解聘

24. 班组综合性记录有（　　）。
A. 工作日志　　B. 安全活动记录　　C. 班务记录　　D. 奖罚记录

25. 班组的分类有生产类班组、服务类班组、（　　）。
A. 管理类班组　　B. 科研类班组　　C. 临时类班组　　D. 后勤类班组

26. 下列关于员工不安全行为的说法，正确的是（　　）。
A. 知识不足是导致员工不安全行为的原因之一
B. 能力不足是导致员工不安全行为的原因之一
C. 员工侥幸心理作祟是导致不安全行为的原因之一
D. 员工的不安全行为无法完全杜绝，因此存在一定程度的不安全行为是可以容忍的

27. 机械设备出现故障时，应立即进行（　　）修理，严禁机械（　　）运行。
A. 停机　　　　　　　　　　　　B. 观察一段时间后
C. 无效　　　　　　　　　　　　D. 带病

28. 一个人是否具有影响力，取决于许多因素。下列（　　）属于影响力的范畴。
A. 个人才干　　B. 人际关系　　C. 学历　　　　D. 沟通能力

29. 燃烧的三要素是指（　　）。
A. 可燃物　　　B. 氧化剂　　　C. 氢气　　　　D. 点火源

30. 关于班组消除浪费的方法，下列说法正确的是（　　）。
A. 注意生产安全　　　　　　　　B. 充分利用场地
C. 取消运输环节　　　　　　　　D. 消除返工现象

31. 造成生产不安全的原因有（　　）。
A. 人的不安全行为　　　　　　　B. 生产目标
C. 物的不安全状态　　　　　　　D. 管理缺陷

32. 全面质量管理的基本内容包括（　　）。
A. 工作质量可靠性　　　　　　　B. 内容与方法的全面
C. 全过程控制　　　　　　　　　D. 全员性

33. 班组长在班组培训中的作用有（　　）。
A. 引领作用　　B. 凝聚作用　　C. 启蒙作用　　D. 教练作用

34. 安全检查管理规定管理的原则是（　　）。

　　A. 分级负责原则，分为公司，部门、装置（班组）三级负责制

　　B. 重点监督、注重实效、检查与整改相结合的原则

　　C. 坚持谁坚持、谁签字、谁负责的原则

　　D. 车间负责制

35. 在针对不同的员工，选择哪一种领导方式时，主要应该考虑（　　）方面的内容。

　　A. 员工的能力　　B. 企业的文化　　C. 员工的意愿度　　D. 车间规章制度

36. 要想使团队具有合作的气氛，必须具备的条件包括支持性的环境和（　　）。

　　A. 适应角色要求的技能　　　　　　B. 更明确的团队目标

　　C. 更有效的交流　　　　　　　　　D. 团队成员自己做自己的事

37. 班组管理的明显特征是：（　　）。

　　A. 班组长和班组成员共同参与　　　B. 完成既定的生产任务

　　C. 实现目标的动态过程　　　　　　D. 实现过程的动态管理

38. 生产计划在生产管理上有下列任务（　　）。

　　A. 要保证交货日期与生产量

　　B. 使企业维持同其生产能力相称的工作量及适当开工率

　　C. 作为物料采购的基本依据

　　D. 对短期性的增产计划，作业人员及机械设备补充的安排

39. 物资管理的三种状况是（　　）。

　　A. 安全库存量型　　B. 接单订购型　　C. 即购即用型　　D. 日常订购型

40. 张班长认为建立班组成员之间的公开性是很重要的，他常为班组成员创造一些机会和环境，增加班组成员之间的公开性，下列说法对公开性的建立起作用的是（　　）。

　　A. 面对每个成员说出自己真实的感受

　　B. 通过班组集体活动，帮助成员相互理解

　　C. 班组成员各自都有自己单独做事的方式

　　D. 欣赏班组成员不同形式的贡献

41. 团队领导者支持员工学习的角色有多种，除了有教练、导师和教师还有（　　）。

　　A. 培训师　　　　B. 鼓励者　　　　C. 鞭策者　　　　D. 监督者

三、判断题（对的画"√"，错的画"×"）

（　　）1. 学习型班组是指能够系统地思考、自我超越、主动改善心智模式、建立共同愿望的团队。

（　　）2. 强令班组员工冒险作业发生事故是犯罪行为，班组人员有权拒绝在危险区域内作业。

（　　）3. 作业人员施工中必须认真执行安全技术交底、施工方案、措施和安全规范要求。

（　　）4. 作业人员作业前应检查工具、设备、现场环境等是否存在不安全因素，是否正确穿戴个人防护用品。

(   ) 5. 施工现场严禁拆改、移动安全防护设施、用品设备等。
(   ) 6. 施工人员在作业中必须佩戴和使用合格的劳动防护用品。如：安全帽、安全带、护目镜、防尘口罩、绝缘手套、绝缘鞋等。
(   ) 7. 进入施工现场严禁穿拖鞋、高跟鞋或光背，衣裤无破损残缺。
(   ) 8. 易造成事故的不安全行为有：操作错误；造成安全装置失灵；使用不安全设备；用手代替工具操作；冒险进入危险场所；攀、坐不安全位置；不正确使用个人防护用品。
(   ) 9. 建筑施工中的"四口"是楼梯口、电梯井口、通道口、预留洞口。
(   ) 10. 施工现场常用的安全电压有 6V、12V、24V、36V。
(   ) 11. 雷雨时在塔吊导轨旁边和提升井架的周围地面上行走易遭受雷击产生的跨步电压伤害，因此应暂停作业。
(   ) 12. 安全管理的思想基点、管理机制的重点、管理方法和手段，都必须以预防为中心。
(   ) 13. 影响运输安全的设备因素主要指运输基础设备和运输安全技术设备的安全性能，包括设计安全性和使用安全性。
(   ) 14. 安全系统工程的发展是以事故树分析为主要标志的。
(   ) 15. 安全管理工作一定要建立健全以人的素质为核心、兼容教育、培训、考核、激励、约束为一体的安全管理体系。
(   ) 16. 在安全管理工作中一定要克服"重硬件轻软件、重形式轻内容、重眼前得失轻长远利益"等认识上的偏差。
(   ) 17. 设计安全性是指设备的可靠性、可维修性、可操作性（人-机工程设计）以及先进性等。
(   ) 18. 安全检查表是为系统地发现站、段、车间、班组、工序或机器、设备、装置、环境以及各种操作、管理和组织措施中不安全因素而事先拟好的问题清单。
(   ) 19. 联锁装置是对预防原理的本质安全原则的应用。
(   ) 20. 班组长的工作是将生产资料投入，以生产出产品的管理。
(   ) 21. 班组长或组长需要培养自信和让人值得信赖的人格品质。
(   ) 22. 权力可以下放，但作为领导，班组长自身的责任不可下授。
(   ) 23. 班组长或组长批评组员时，应做到对事不对人。
(   ) 24. 作业方法的管理实际上是对作业指导书、保证工程流程图、标准作业单的制定、发行和修订的过程。
(   ) 25. 班组评选先进属于精神激励方式。
(   ) 26. "5S"管理的核心是提高人的素养。
(   ) 27. 看板管理属于目视管理范畴。
(   ) 28. 目标管理强调针对不同类别的产品采取不同的管理方法。
(   ) 29. 没用的东西只要不碍地方，暂时放在现场是可以接受的。
(   ) 30. 班组制度建设要遵循系统性、规范性、可控性、科学性、稳定性、民主性原则。
(   ) 31. 班组基础管理工作要有目标、有计划、有措施、有检查、有考核，调动员工做好班组基础管理工作的积极性和主动性。

（　　）32. 制定班组基础管理责任制，根据员工及岗位特点，要将班组基础管理的任务落实到人。

（　　）33. 班组长没有必要把基础管理工作放在十分突出的位置，只要把活干了就行。

（　　）34. 班组长在生产调度过程中，应严格执行危险作业未经审批，不准作业的原则。

（　　）35. 焊接作业时，重要场所和禁火区"未经消防安全部门批准又未落实安全措施"不焊。

（　　）36. 特种作业人员未经安全培训、取证，不准独立操作。

（　　）37. 班组文化的重要组成是执行力和敬业精神。

（　　）38. 加强企业班组成本管理，是可以降低消耗、减少浪费、增加收入，对企业还可以提高盈利。合理利用人力、物力、财力等。

（　　）39. 有人说："要工作得好，需要分权，要使分权运转得好，需要目标管理。"讲得十分深刻，但他不适合用于生产基层班组。

（　　）40. 班组安全知识教育是要求职工懂得一般安全技术知识、卫生知识、专业安全技术知识。

（　　）41. 现场管理就是用科学的管理思想、方法、手段对各种生产要素（如人、机、料、环境等）进行合理配置和优化组合。

（　　）42. 员工违章操作，造成一些失误或没有服从上级的安排，违反组织纪律，那就应该受到惩罚。

（　　）43. PDCA 法是一个不断循环使用的解决问题的方法。

（　　）44. 班组长是企业的生产管理者。

（　　）45. 班组长在日常工作中，办事公正是前提。

（　　）46. 在设备使用管理中，新购设备的精度可以在使用前不需要校验。

（　　）47. 为在一定范围内获得最佳秩序，对现实问题或潜在问题制定共同使用和重复使用条款的活动叫标准化。

（　　）48. 班组班务会一般应包含总结上月工作、绩效考核情况、讨论当月工作计划、听取班员意见等方面内容。

（　　）49. 作为主管，才是第一位的，德是第二的。

（　　）50. 监督生产的全过程，对生产的结果进行评估，被称为管理的第五大因素，班组长也要学会运用。

（　　）51. 质量管理体系是指在质量方面指挥和控制组织的管理体系。

（　　）52. 班组文化的重要组成是执行力和敬业精神。

（　　）53. 班组一般具有"大""全""实""简"。

（　　）54. 头脑风暴法的原则是禁止批评、多多益善、自由奔放、集合改善。

（　　）55. 管理的内容中对信息的管理包括：生产进度方面的信息，上级给下级下达的指示，下级向上级反馈的意见等。

（　　）56. 古人所说服人者，力服为上，德服为中，才服为下。

（　　）57. 如果条件不具备，那么计划的目标可以适当定得更切合实际一些，不要操之过急，否则欲速则不达。

(　　) 58. 班组管理中的"亲",是指班组中要有亲和力,要班组成员感觉班组是真正的职工之家,在班组中形成和谐的工作气氛。

四、简答题

1. 学习型班组的地位是什么?

2. 学习型班组的作用有哪些?

3. 学习型班组的创建要点有哪些?

4. 什么是公司制度?

5. 班组长如何处理与上级的人际关系?

6. 什么是标准化工作?

7. 我国劳动法的基本原则有哪些?

8. 班组计量管理的主要内容包括什么？

9. 定额怎么分类的？

10. 学习型班组的创建一般分为几个阶段？

11. 班组基础管理工作原则有哪些？

12. 班组的特点与性质是什么？

13. 作为一名班组长应具备哪些基本条件和素质？

14. 班组基础管理工作原则有哪些？

15. 企业管理的重要性有哪三个方面？

16. 企业管理现代化主要包括哪几个方面的内容？

17. 班组生产管理的主要任务是什么？

18. 班组生产管理的主要内容是什么？

19. 班组长应具备哪几方面的素质？

20. 安全生产法规定施工人员具有哪些权力？

参考答案

一、单项选择题

1. A	2. B	3. C	4. D	5. A	6. B	7. D	8. C	9. A	10. B
11. C	12. D	13. A	14. A	15. B	16. C	17. D	18. C	19. B	20. C
21. A	22. A	23. C	24. A	25. A	26. A	27. A	28. B	29. A	30. A
31. B	32. A	33. B	34. C	35. D	36. A	37. B	38. A	39. A	40. C
41. A	42. B	43. B	44. A	45. C	46. A	47. C	48. C	49. B	50. A
51. A	52. C	53. A	54. A	55. A	56. C	57. A	58. B	59. B	60. C

二、多项选择题

1. AB	2. AB	3. ABCD	4. AB	5. ACD	6. ABC	7. ABD	8. ABD
9. ABC	10. BCD	11. BD	12. BA	13. ABD	14. BA	15. ABC	
16. ABCD	17. ABD	18. ABC	19. AD	20. AC	21. AB	22. ABC	
23. ABD	24. ABC	25. AB	26. ABC	27. AD	28. ABD	29. ABD	
30. ABD	31. ACD	32. BCD	33. ABD	34. ABC	35. AC	36. ABC	
37. ABC	38. ABC	39. ABC	40. ABD	41. AB			

三、判断题

1. √ 2. √ 3. √ 4. √ 5. √ 6. √ 7. √ 8. √ 9. √ 10. √ 11. √ 12. √ 13. √ 14. √ 15. √ 16. √ 17. √ 18. √ 19. √ 20. √ 21. √ 22. √ 23. √ 24. √ 25. √ 26. √ 27. √ 28. √ 29. × 正确答案：工作结束后要实现工完、料净、场地清。 30. √ 31. √ 32. √ 33. × 正确答案：班组长必须把班组的基础管理工作放在十分突出的位置。 34. √ 35. √ 36. √ 37. √ 38. √ 39. × 正确答案：有人说："要工作得好，需要分权，要使分权运转得好，需要目标管理。"讲得十分深刻，他同时也适合用于生产基层班组。 40. √ 41. √ 42. √ 43. √ 44. √ 45. √ 46. × 正确答案：在设备使用管理中，新购设备的精度在使用前需要校验后才能使用。 47. √ 48. √ 49. × 正确答案：作为主管，才与德都是重要的，需要德才兼备的人才。 50. √ 51. √ 52. √ 53. × 正确答案：班组一般具有"小""全""实""简"。 54. √ 55. √ 56. × 正确答案：古人云：德服为上，才服为中，力服为下。 57. √ 58. √

四、简答题

1. （1）班组是支撑企业生产经营活动的最基本单位；(0.4)
   （2）学习型班组是创建学习型企业的基础；(0.3)
   （3）是培育企业学习力和竞争力的最基本土壤。(0.3)
2. （1）学习型班组是促进职工学习终身化的第一课堂；(0.3)

（2）学习型班组是提升团队学习力的主阵地；（0.3）

（3）学习型班组是发展利益共同体，促进学习自主化的必然途径。（0.4）

3. （1）营造班组小环境；（0.2）

（2）明确阶段小目标；（0.2）

（3）注意成员小结构；（0.2）

（4）学习外语和电脑；（0.2）

（5）提升群体学习力。（0.2）

4. （1）公司制度是现代企业制度的主要组织形式；（0.3）

（2）是依照法定程序设立，以盈利为目的；（0.3）

（3）具有法人资格并以其全部财产承担有限责任的经济组织。（0.4）

5. （1）做好本职工作；（0.4）

（2）学会尊重和服从领导的安排；（0.2）

（3）理解与适应企业文化；（0.2）

（4）积极使用建议权。（0.2）

6. （1）标准化工作就是指对技术标准和管理标准的制定、执行和管理工作；（0.5）

（2）按其管理范围不同可分为国家标准、行业标准、专业标准和企业标准。（0.5）

7. （1）劳动者权利、义务一致原则；（0.4）

（2）保护劳动者合法权益原则；（0.2）

（3）劳动保障的社会化原则；（0.2）

（4）劳动关系合法化原则。（0.2）

8. （1）按照计量法律、法规做好计量器具的使用和管理；（0.2）

（2）配合企业计量部门对计量器具进行周期检定；（0.1）

（3）教育帮助班组成员正确使用、维护、保养计量器具；（0.2）

（4）用合格计量器具测得的数据来控制、调整班组生产过程；（0.2）

（5）加强计量数据管理，及时、全面、准确地填写原始计量记录；（0.2）

（6）在班组运行和管理层面不断改进计量器具和计量方法。（0.1）

9. （1）有关劳动的定额，如工时消耗定额、产量定额、停工率、缺勤率；（0.2）

（2）有关原材料、燃料、动力、工具等消耗的定额；（0.2）

（3）有关费用的定额；（0.2）

（4）有关固定资产利用的定额，如生产设备利用率、固定资产利用率；（0.2）

（5）有关流动资金占用的定额。（0.2）

10. （1）分析调查阶段；（0.1）

（2）宣传发动阶段；（0.1）

（3）每日一题-学习持续化阶段；（0.2）

（4）比学赶帮超阶段；（0.2）

（5）有活动、有记录、有成效、有亮点；（0.2）

（6）具体落实阶段。（0.2）

11. （1）基础性原则；（0.2）

（2）稳定性原则；（0.2）

(3) 系统性原则；(0.2)

(4) 实用性原则；(0.2)

(5) 趋前性原则。(0.2)

12. (1) 性质：传承过程的创新性、文化建设的亲和性、基础管理的民主性、组织结构的基础性、生产作业的同类性；(0.4)

(2) 特点：班组的规模小而结构简单；(0.2) 班组的工作细而具体；(0.2) 班组的管理实而任务重；(0.2) 班组的工作环境相对艰苦。(0.2)

13. (1) 工作年限：至少在 4 年以上；(0.2)

(2) 岗位技能：至少掌握班组岗位技能的 70%；(0.2)

(3) 思想素质：具有高度的责任心和工作热情；(0.2)

(4) 管理能力：具备良好的心理素质，逻辑分析、计划、领导作风、实际应用、团结他人和处理冲突及语言表达能力。(0.4)

14. (1) 基础性原则；(0.2)

(2) 稳定性原则；(0.2)

(3) 系统性原则；(0.2)

(4) 实用性原则；(0.2)

(5) 趋前性原则。(0.2)

15. (1) 企业管理是企业适应市场需求，求得自我发展的必要手段；(0.4)

(2) 企业管理是把握潜在生产力转化为现实生产力的重要手段；(0.4)

(3) 企业管理是建立健全和完善激励机制的重要手段。(0.2)

16. (1) 管理思想现代化；(0.2)

(2) 管理组织现代化；(0.2)

(3) 管理方法现代化；(0.2)

(4) 管理手段现代化；(0.2)

(5) 管理人才现代化。(0.2)

17. (1) 及时全面掌握班组施工进度；(0.2)

(2) 及时发现施工中出现的问题，采取有效措施，解决问题；(0.2)

(3) 及时消除施工中的安全、技术薄弱环节，保证工程质量及工期；(0.2)

(4) 使班组安全技术管理，始终处于控制状态，按要求完成施工任务，实现班组安全、质量目标。(0.4)

18. (1) 检查和掌握班组施工前的准备情况，做到施工前技术文件齐全，安全设施完备，机械设备性能良好，劳动力配置合理；(0.4)

(2) 严格执行施工作业计划，随时掌握工程进度，保证工期；(0.2)

(3) 按规定要求，准确、及时、清楚地填写报表和原始记录，并妥善保存。(0.4)

19. (1) 具有较高的政治素质；(0.2)

(2) 要有较高的技术素质；(0.2)

(3) 要有较高的管理能力；(0.2)

(4) 具备良好的身体素质；(0.2)

(5) 具备一定的文化素质。(0.2)

20.（1）工伤保险和伤亡求偿权；(0.2)
（2）施工安全生产的知情权和建议权；(0.2)
（3）自救权；(0.2)
（4）安全隐患的批评、检举权和拒绝违章权。(0.4)

第三章　班组生产管理

一、单项选择题（每题4个选项，只有1个是正确的，将正确的选项号填入括号内）

1. 班组生产管理不但是班组管理的（　　），也是企业生产管理的基础。
   A. 前提　　　　B. 重心　　　　C. 根本　　　　D. 任务
2. 作为具体生产任务的（　　），班组的生产管理直接关系到企业的稳定和可持续发展。
   A. 组织者　　　B. 管理者　　　C. 执行者　　　D. 指挥者
3. （　　）管理是指运用有效的管理方法和手段，按照生产客观要求科学优化班组生产管理要素，合理组织班组成员，安全优质高效地全面完成生产任务的一系列控制活动。
   A. 班组生产　　B. 班组安全　　C. 班组工艺　　D. 班组绩效
4. 班组长对班组安全生产工作负全面责任，履行（　　）责任。
   A. 安全管理　　B. 生产管理　　C. 质量管理　　D. 属地管理
5. （　　）负责装置突发生产事件的应急准备与响应，做好事故的预防工作。
   A. 车间主任　　B. 生产主任　　C. 运行工程师　D. 班组长
6. 班组生产管理特点是（　　）。
   A. 高、细、精、严　　　　　　B. 繁、细、精、严
   C. 繁、精、严、实　　　　　　D. 高、细、精、实
7. 班组（　　）运行管理是指对班组生产工艺进行具体执行和实施，从而将工艺理论和方法应用实施在生产过程中，实现全部生产受控。
   A. 生产　　　　B. 安全　　　　C. 工艺　　　　D. 设备
8. 新改扩建装置首先编制操作规程（试行版），试用（　　）后，更新为正式操作规程。
   A. 一年　　　　B. 一个月　　　C. 三个月　　　D. 六个月
9. 在役装置操作规程定期全面修订一次，重新（　　）、出版和发放。
   A. 审核　　　　B. 审批　　　　C. 审阅　　　　D. 审计
10. 在役装置操作规程（　　）全面修订一次，重新审批、出版和发放。
    A. 每年　　　　B. 两年　　　　C. 三年　　　　D. 五年
11. 在役装置操作规程（　　）评审一次，确认操作规程的修改和补充完善的内容。
    A. 每年　　　　B. 两年　　　　C. 三年　　　　D. 五年
12. 由于生产和其他特殊原因，岗位人员不能按时进行巡回检查，班长可以指派不同岗位但具备（　　）的其他人员进行巡检，以确保装置生产安全运行。
    A. 操作经验　　B. 上岗证书　　C. 替岗资质　　D. 操作能力
13. 装置大检修开停工规程使用前，必须由（　　）主管部门组织评审、会签。

A. 生产　　　　B. 设备　　　　C. 工艺　　　　D. 技术

14. 装置大检修开停工规程使用前，必须由技术主管部门组织（　　）、会签。

A. 审核　　　　B. 修订　　　　C. 评审　　　　D. 审批

15. 装置进行技术或设备改造后，必须由（　　）主管部门组织对相应的操作规程进行评审、会签。

A. 生产　　　　B. 设备　　　　C. 工艺　　　　D. 技术

16. 装置进行技术或设备改造后，必须由技术主管部门组织对相应的操作规程进行（　　）、会签

A. 审核　　　　B. 修订　　　　C. 评审　　　　D. 审批

17. 下列选项不属于操作规程内容的是（　　）。

A. 班组工艺卡片　B. 操作指南　　C. 基础操作规程　D. 专用设备操作规程

18. 流程是对（　　）在操作层面的细化。

A. 操作规程　　B. 管理制度　　C. 工艺指标　　D. 生产指标

19. 工艺卡片中的（　　）源于对工艺技术过程的深入理解和提炼。

A. 控制参数　　B. 操作指南　　C. 工艺原理　　D. 技术规程

20. 在役装置工艺卡片原则上（　　）评审、修订一次。

A. 每年　　　　B. 定期　　　　C. 三年　　　　D. 五年

21. 在役装置工艺卡片原则上每年（　　）、修订一次。修订的工艺卡片未执行前，原工艺卡片有效。

A. 审核　　　　B. 修订　　　　C. 评审　　　　D. 审批

22. 装置每次大检修后，（　　）主管部门组织相关人员对检修前的工艺卡片进行评审，确定工艺卡片的有效性。

A. 生产　　　　B. 设备　　　　C. 安全　　　　D. 技术

23. 为了保证操作受控、避免违章操作，化工企业一般根据装置操作规程制定（　　）。

A. 操作卡　　　B. 操作步骤　　C. 工艺卡片　　D. 生产导则

24. 在役装置操作卡随操作规程（　　）评审一次，确认修改和补充完善的内容。

A. 每年　　　　B. 定期　　　　C. 三年　　　　D. 五年

25. 装置大检修开停工操作卡使用前，必须由（　　）主管部门组织评审、会签。

A. 生产　　　　B. 设备　　　　C. 安全　　　　D. 技术

26. 操作人员执行具体操作前，由车间（装置）（　　）准备好完成审批手续的操作卡。

A. 班组长　　　B. 生产主任　　C. 设备人员　　D. 技术人员

27. （　　）下达操作指令，运行工程师监督操作卡的执行，遇有问题及时向车间（装置）主任汇报。

A. 班长　　　　B. 生产主任　　C. 工艺人员　　D. 技术人员

28. （　　）除了自己按时巡检外，还负责检查各岗位巡回检查工作，对每班次装置巡检进行合理安排。

A. 工艺人员　　B. 生产主任　　C. 班长（值班长）　D. 技术人员

29. 在检查过程中，发现异常情况或生产问题要及时处理，对于事态比较严重或存在风险的情况要立即向上级汇报，寻求上级管理部门或专业技术人员的帮助，并做好（　　）工作，避免事态扩大。
   A. 后期处置　　　B. 初级处理　　　C. 应急处理　　　D. 事故预案

30. 操作卡是为了落实"有指令、有规程、有确认、有监控、卡片化"的"四有一卡"要求，将操作规程以操作卡片的形式分解到各个岗位，实现操作的（　　）。
   A. 指令化　　　　B. 合规化　　　　C. 规范化　　　　D. 规程化

31. 装置操作参数平稳率计算公式正确的是：（　　）
   A. 装置操作平稳率（%）=（装置被检查指标的平稳运行时间总和÷装置被检查指标的运行时间总和)×100%
   B. 装置操作平稳率（%）=（装置检查指标的平稳运行时间总和÷装置检查指标的运行时间总和)
   C. 装置操作平稳率（%）=（装置检查指标的平稳运行时间÷装置检查指标的运行时间总和)×100%
   D. 装置操作平稳率（%）=（装置检查指标的平稳运行时间÷装置检查指标的运行时间)×100%

32. 装置开工在产品质量全部合格操作正常（　　）后开始统计平稳率。
   A. 8h　　　　　　B. 12h　　　　　C. 24h　　　　　D. 48h

33. （　　）具体负责各级控制点的监控，随时检查操作工艺参数的波动情况，发现问题，及时调整并记入交接班日志，每周与车间技术人员分析总结。
   A. 班长（值班长）　　　　　　　　B. 班组运行工程师
   C. 工艺人员　　　　　　　　　　　D. 技术人员

34. 某一指标多次或连续超标的整改措施进行（　　），并计入交接班日志，消除超标现象。
   A. 整改　　　　　B. 调整　　　　　C. 落实　　　　　D. 跟踪

35. 对某一操作指标在一周内平稳率小于（　　）的生产装置，由直属生产企业生产运行管理部门组织实施，纠正措施，并填写"不符合纠正和预防措施记录"。
   A. 90%　　　　　B. 95%　　　　　C. 98%　　　　　D. 99%

36. 班组在日常生产过程中，应把（　　）的管理与巡回检查工作结合起来，在巡检点要检查所属区域的计量器具运行状态，包括运行工况有无异常、计量数据是否达到计量要求等。
   A. 防护器具　　　B. 计量器具　　　C. 消防器具　　　D. 报警器具

37. 班长不在岗时，由车间指派或由（　　）履行班长职责。
   A. 运行工程师　　B. 工艺员　　　　C. 副班长　　　　D. 值班长

38. 班组长在企业正常生产状态下，对班组有（　　）的作用，影响着决策的实施。
   A. 管理、组织、指挥、领导　　　　B. 管理、参与、指挥、领导
   C. 指导、组织、指挥、领导　　　　D. 指导、组织、指挥、协调

39. 要对班组长加强新（　　）、新工艺、新设备应用等专业知识的超前培训。
   A. 技能　　　　　B. 方法　　　　　C. 技术　　　　　D. 技艺

40. 所有巡检人员应按照"（　　）"的五字法和使用必要的数字巡检器具进行巡检。
   A. 听、摸、看、闻、修　　　　　　B. 听、摸、查、看、闻
   C. 听、看、查、摸、修　　　　　　D. 看、查、摸、听、擦

41. 巡检人员必须对所管辖装置区域内运行参数、设备情况进行检查，（　　）要全面检查。
   A. 重点部位　　B. 转动部位　　C. 连接部位　　D. 基础部位

42. 操作卡要操作步骤完整、细致、准确、量化，具有（　　）。
   A. 可操作性　　B. 操作弹性　　C. 操作程序　　D. 操作理论

43. 交接班时发现异常情况或存在问题，交接双方需（　　）处理。
   A. 交领导　　B. 通过调度　　C. 研讨会　　D. 现场确认

44. 综合能耗包括（　　）的消耗参数。
   A. 劳保用品　　B. 原材料　　C. 办公用品　　D. 生活用品

45. 针对岗位生产和工艺流程特点，建立（　　）检查路线，按照五定的要求，进行严格检查。
   A. 跟踪　　B. 监视　　C. 巡回　　D. 装置

46. 班组要建立操作平稳率的（　　）。
   A. 考核机制　　B. 归档制度　　C. 评论公示　　D. 图表展示

47. （　　）属于必须严格贯彻执行的生产技术法规。
   A. 工艺卡片　　B. 技术总结　　C. 生产计划　　D. 合理化建议

48. 操作规程是指装置或设备从初始状态通过一定顺序过渡到最终状态的一系列准确的操作步骤、规则和（　　）。
   A. 技措　　B. 程序　　C. 关联　　D. 标注

49. （　　）不属于工艺卡片的内容。
   A. 工艺指标　　B. 消耗指标　　C. 质量指标　　D. 节约指标

50. 车间负责制定各岗位的巡回检查点和巡回检查路线图，明确检查时间、（　　）和要求。
   A. 方式　　B. 方法　　C. 内容　　D. 方向

51. 工艺卡片的内容，不包括（　　）。
   A. 质量指标　　B. 工艺参数　　C. 动力指标　　D. 奖励标准

52. 应急操作卡应做到（　　），结合应急处置中涉及的岗位进行编制。
   A. 每岗一卡　　B. 一事一卡　　C. 一事多卡　　D. 岗岗有卡

53. 加强计量数据管理，及时、全面、（　　）地填写原始计量记录。
   A. 准确　　B. 估计　　C. 预算　　D. 平衡

54. 生产中班组长要负责贯彻执行的生产技术法规包括（　　）。
   A. 工艺技术规程　　B. 增收节支方案　　C. 事故处理意见　　D. 生产计划

55. 相关人员应根据现场设备运行状态、（　　）、存在隐患、方案调整等状况，及时提出指标的修订意见，保证工艺卡片的适宜性、有效性。
   A. 状态监测　　B. 检修状态　　C. 运行参数　　D. 运行周期

56. 生产异常响应程序的特点是（　　）运行过程。

A. 双环　　　　　B. 垂直　　　　　C. 扩散　　　　　D. 闭环

57. 生产异常包括（　　）异常。
A. 员工变动　　　B. 班组排班　　　C. 价格调整　　　D. 物料平衡

58. 防止能量释放的手段有（　　）等。
A. 捆绑　　　　　B. 隔离　　　　　C. 拦截　　　　　D. 防守

59. 流程的长短取决于生产异常种类及复杂难易程度，有些（　　）根据紧急情况不同几乎是同时响应的。
A. 流程步骤　　　B. 处理程序　　　C. 生产过程　　　D. 应急操作

60. 一般班组生产所辖装置发生异常，其响应程序是（　　）运行。
A. 自上而下　　　B. 自下而上　　　C. 从左到右　　　D. 从右到左

61. 不论是自上而下还是自下而上，共同特点都是（　　），是一个闭环运行过程。
A. 从源头开始到尽头结束　　　　　B. 从初始开始到最终结束
C. 从源头开始到源头结束　　　　　D. 从初始开始到初始结束

62. 在炼化企业高温高压的生产装置中，介质互窜往往会导致（　　）生产事故。轻的会造成参数的偏离，严重的会造成低压侧设备的法兰、阀门的密封填料超压泄漏，遇静电或是明火易发生着火、爆炸事故。
A. 一般的　　　　B. 轻微的　　　　C. 较重的　　　　D. 严重的

63. 属地车间应保持生产装置的换热（冷）设备完好，防止泄漏导致的介质互串。应（　　）进行检查或化验分析，及时发现和处理可能的介质互窜，特别要防止工艺介质窜入公用工程系统。
A. 定期　　　　　B. 每天　　　　　C. 每周　　　　　D. 每月

64. 属地车间在制定装置开停工方案时应充分考虑到介质互窜的可能，制定详尽方案，编制装置（　　）设置，防止介质互窜。
A. 开停工计划表　B. 开停工盲板表　C. 开停工操作卡　D. 开停工网络图

65. 吹扫置换作业结束后应立即恢复原工艺状况，如恢复盲板、挂标识牌等，及时（　　）两种介质的连通。
A. 关闭　　　　　B. 打开　　　　　C. 隔断　　　　　D. 恢复

66. 生产过程中需要防止释放的能量主要有（　　）。
A. 风能　　　　　B. 水能　　　　　C. 势能　　　　　D. 光能

67. 正常生产情况下防止介质互串的措施，应包括防止（　　）。
A. 阀门泄漏　　　B. 管路完好　　　C. 流程合理　　　D. 盲板完好

68. 装置开停工情况下防止介质互窜的措施有（　　）。
A. 加堵盲板　　　B. 吹扫管理　　　C. 停止换热　　　D. 巡回检查

69. 隔离或控制能量的方式主要有（　　）。
A. 现场警戒　　　　　　　　　　　B. 采取锚固、锁闭或阻塞
C. 关闭阀门　　　　　　　　　　　D. 排凝阀加丝堵

70. 在开始作业前，确认隔离已到位并执行上锁、挂标签，是属地单位与（　　）的共同责任。
A. 施工单位人员　B. 操作人员　　　C. 技术人员　　　D. 作业单位人员

71. 硫化亚铁的主要危害是（　　）。
　　A. 击伤　　　　　B. 烫伤　　　　　C. 自燃　　　　　D. 辐射
72. 防止硫化亚铁危害的措施，应结合装置实际，采用（　　）保护。
　　A. 燃料气　　　　B. 氮气　　　　　C. 二氧化碳　　　D. 空气
73. 对于含硫污水汽提装置储罐的呼吸阀、检尺采样孔等易生成硫化亚铁的部位应（　　）清理一次。
　　A. 定期　　　　　B. 每周　　　　　C. 每月　　　　　D. 每半年
74. 加氢、硫磺回收等装置的催化剂在长期运行过程中易产生并存积（　　）等活性物质，卸出后应采取保护措施，同时尽快联系环保部门合理处置。
　　A. 硫化亚铁　　　B. 积炭　　　　　C. 铵盐　　　　　D. 氯化钠
75. 作为班组的领导者，班组长的（　　）是影响应急处理效果的重要因素。
　　A. 应急管理技能　B. 应急操作技能　C. 生产管理技能　D. 生产操作技能
76. 生产装置开停工一般可分为（　　）状况，其难易程度及特点各不相同。对不同类型的开停工管理方式流程要求也各有区别。
　　A. 两种　　　　　B. 三种　　　　　C. 四种　　　　　D. 五种
77. 班组长在组织开停工中应做到，对重点工艺参数做重点（　　）。
　　A. 检查　　　　　B. 监视　　　　　C. 监控　　　　　D. 关注
78. 班组长在装置开停工中处于（　　）中心和指挥地位，对班组生产装置开停工的组织管理极为重要。
　　A. 组织　　　　　B. 执行　　　　　C. 指导　　　　　D. 管理
79. 班组长参与（　　）方案的制订，可使方案更具可操作性。
　　A. 开停工　　　　B. 年度综合计划　C. 领导班子调整　D. 医改、房改
80. 班组长协调各岗位执行开停工操作，严格按照（　　）执行。
　　A. 方案内容和标准　　　　　　　　　B. 计划内容和协议
　　C. 协商意见和内容　　　　　　　　　D. 领导意见和态度

二、多项选择题（每题有4个选项，至少有2个是正确的，将正确的选项号填入括号内）

1. 班组长应合理组织班组成员，安全、优质、（　　）地完成生产任务。
　　A. 高效　　　　　B. 计划　　　　　C. 选择　　　　　D. 全面
2. 炼化企业生产及产品形成是一个复杂的过程，其生产工艺的复杂性，生产装备的（　　），生产技术的（　　），决定了班组在生产管理的（　　）。
　　A. 多样性　　　　B. 先进性　　　　C. 复杂性　　　　D. 重要性
3. 班组长是班组生产的（　　），负责贯彻执行厂、车间有关安全及生产的指示；对班组安全生产工作负全面责任，履行属地管理责任。
　　A. 操作者　　　　B. 监督者　　　　C. 领导者　　　　D. 组织者
4. 对新进入班组的员工进行岗位（　　），起好"传、帮、带"的作用。
　　A. 操作技能培训　B. 应急技能培训　C. 安全技能培训　D. 环保技能培训
5. 班组长生产管理的主要内容有，严格按（　　）等工艺设备文件指挥班组生产。

A. 基础操作规程　　B. 技术操作规程　　C. 工艺卡片　　D. 操作卡

6. 班组长生产管理的主要内容有督促、组织班组成员认真（　　），及时发现、解决并上报难以处理的事故隐患。

A. 记录　　　　　B. 巡检　　　　　C. 监盘　　　　　D. 操作

7. 班组长生产管理的主要内容有，按照 HSE 管理体系要求，识别属地内的各种风险并通过（　　）等及时消除各种风险，必要时申请上一级技术部门的支持，及时制止、纠正违章行为。

A. 技术人员　　　B. 安全员　　　　C. 设备员　　　　D. 技师

8. 认真按照：人、（　　）、环五要素填写交接班日记，在保证一些生产问题具有可追溯性的同时，交接一些重要的生产状态。

A. 料　　　　　　B. 机　　　　　　C. 法　　　　　　D. 物

9. 班组长要掌握（　　）执行情况，并根据任务完成的不同进度、临时性的上级变动和生产装置大幅度变动情况，如实及时向调度汇报。

A. 生产动态　　　B. 产品质量　　　C. 生产计划　　　D. 工艺指标

10. 操作规程具体包括工艺技术操作规定、（　　）、专用设备操作规程等。

A. 操作指南　　　B. 基础操作规程　C. 开、停工规程　D. 利润指标

11. 严格执行工艺卡片是保障装置（　　）和产品质量合格的基础。

A. 操作合理　　　B. 安全平稳　　　C. 调整及时　　　D. 经济运行

12. 工艺卡片包括的内容有：（　　）。

A. 原料及化工原材料质量指标　　　B. 装置关键工艺参数指标
C. 装置成品及半成品质量指标　　　D. 经济运行参数指标

13. 相关人员应根据现场（　　）等状况，及时提出指标的修订意见，保证工艺卡片的适宜性、有效性。

A. 设备运行状态　B. 运行周期　　　C. 存在隐患　　　D. 方案调整

14. 操作卡的"四有一卡"的内容包括（　　）。

A. 有指令　　　　B. 有规程　　　　C. 有确认　　　　D. 有监控

15. 依据操作卡的编制原则，班组长应参与操作卡编写工作，代表操作层面人员加入编写小组，参与集体讨论，根据现场的操作经验、岗位实际操作需求，以工程设计和生产实践为依据，不断修订操作卡内容，保证操作卡正确，操作步骤（　　），具有可操作性。

A. 简捷　　　　　B. 完整　　　　　C. 细致　　　　　D. 准确

16. 在役装置的所有操作都要有操作卡，（　　）还必须严格执行操作步骤确认程序。

A. 重大操作　　　B. 主要操作　　　C. 特殊操作　　　D. 事故操作

17. 操作卡执行过程中，严格执行操作步骤确认程序，在卡片上做标记并签字；班组长应严格监督班组成员执行操作步骤确认程序，在卡片上做标记并签字。做到（　　）。

A. 操作有监控　　B. 行动听指令　　C. 步步有确认　　D. 事事有人管

18. 属地车间负责制定各岗位的巡回检查点和巡回检查路线图，明确检查（　　），执行"全天候不间断巡检"方式，各岗位、各站点的巡检"串牌"时间要合理间隔开。

A. 时间　　　　　B. 内容　　　　　C. 人员　　　　　D. 要求

19. 各岗位人员按照规定时间、路线、检查点，对所管辖装置区域内各部位（　　）

情况进行全天候不间断巡回检查。

A. 动设备运转　　B. 静设备运转　　C. 生产操作　　D. 工艺变更

20. 巡检人员按要求携带（　　）等巡检工器具和安全防护用具，并做好运行数据实时记录和巡检记录。

A. 测振仪　　B. 测温仪　　C. 测爆仪　　D. 测量仪

21. 巡检人员必须对所管辖装置区域内（　　）进行检查，重点部位要全面检查；遇有不正常天气（雪雨、大风、严寒、酷热）或生产变化（开停工，生产不正常）时应增加巡检次数，进行有针对性的特殊巡检，相关的状态及参数要及时记录在 HSE 巡检表上。

A. 劳动防护　　B. 运行参数　　C. 设备情况　　D. 重点部位

22. 对由于（　　）变化导致的平稳率超标的项目，经直属生产企业生产运行部门组织论证后，如果工艺指标不符合生产实际要求，依照变更要求对工艺指标进行修订。

A. 原料　　B. 设备　　C. 操作　　D. 工艺

23. 如果出现可能导致事故的指标超限，由直属生产企业生产运行部（　　）消除超标现象。不能消除超标现象时，按相应事故处理预案进行处理。

A. 组织评审　　B. 检查整改　　C. 落实措施　　D. 立即处理

24. 班组在日常生产过程中，应把计量器具的管理与巡回检查工作结合起来，在巡检点要检查所属区域的计量器具运行状态，包括运行工况有无异常、计量数据是否达到计量要求等，尤其在日常工作中要保持计量器具安装位置的环境卫生，防止（　　）等。

A. 污染　　B. 腐蚀　　C. 撞击　　D. 丢失

25. 交接班基本要求。接班人员要按规定穿戴（　　），按"十交""五不接"的规定进行班前检查，并将检查出的问题向班长汇报。

A. 劳保服　　B. 安全帽　　C. 隔热服　　D. 佩戴工作卡

26. "十交""五不接"中，五不接的具体内容：（　　），记录不全不接，卫生不好不接。

A. 设备润滑不好不接　　　　B. 工具不全不接
C. 操作情况交待不清不接　　D. 人员不齐不接

27. "十交""五不接"中，"十交"的具体内容：交任务，交指示，交原料，交质量，交设备，（　　），交记录。

A. 交问题和经验　　　　B. 交工具
C. 交操作指标　　　　　D. 交安全环保、消防和卫生

28. 交接班时间。按所属车间规定的交接班时间执行，各岗位交接班人员（　　）确认，进行面对面交接，接班人在交接班日记上签字后，交班人方可离开岗位。

A. 逐人　　B. 逐项　　C. 逐岗　　D. 逐机

29. 班组长要做有心人，平时注意资料的积累：记录所负责装置或（　　）的设计值；正常生产工况下开工之初、中、末期的运行参数；冬季、夏季及各种负荷所对应的消耗量和运行参数等。

A. 单元设备　　B. 关键单台设备　　C. 单元运转设备　　D. 运转机组

30. 当本班次发生一些生产事件或是生产波动，交班班长要及时召开班后会，必要时请车间管理人员参加，（　　）。

A. 及时跟踪　　　B. 分析原因　　　C. 找到对策　　　D. 立即整改

31. 生产异常按性质和发生原因包括：（　　）。
   A. 运行设备异常　B. 质量异常　　C. 物料平衡异常　D. 生产环境异常

32. 生产异常管理是指在炼油化工生产运行中，运用相应技术和手段，对生产异常情况的（　　）、评定的实施过程，是班组生产管理的重要组成部分。
   A. 识别　　　　　B. 防范　　　　C. 判断　　　　　D. 处理

33. 生产异常管理内容一般包括生产异常管理组织，生产异常管理制度，生产异常操作规程及操作卡片（　　）等。
   A. 生产异常班组核算　　　　　B. 生产异常响应程序
   C. 生产异常处理表格　　　　　D. 生产异常应急预案

34. 由于炼油化工生产设备体系庞大，（　　），精、尖、高及专业性强等特点，设备异常的情况也十分复杂，如振动、超温、显示不清、短路等。
   A. 结构复杂　　　B. 结构简单　　C. 种类单一　　　D. 种类繁多

35. 炼油化工生产是一个物理化学变化过程，物料平衡是生产的关键，其生产运行上下游之间原料互供十分重要，原料互供一旦出现（　　）问题，直接影响到下游的生产正常进行。
   A. 分析　　　　　B. 数量　　　　C. 质量　　　　　D. 数据

36. 班组长要熟知和掌握生产异常程序的内容、特点、具体要求，把握关键节点，确保程序迅捷进行，对生产异常要发现及时，判断准确无误，反应迅速到位，处理果断稳妥，评定客观科学，做到（　　）。
   A. 冷静　　　　　B. 有序　　　　C. 快速　　　　　D. 有效

37. 班组长要做到对生产异常（　　）。熟知和掌握生产异常程序的内容、特点、具体要求，把握关键节点，确保发生异常时相应程序迅捷进行。
   A. 及时发现　　　B. 判断准确　　C. 反应迅速　　　D. 处理果断

38. 设置隔离点是防止介质互窜的重要手段。具体做法是：（　　）。
   A. 在两种介质互窜点安装两个阀门并在两阀之间加放空阀
   B. 再增加一个截止阀
   C. 加盲板隔离
   D. 关闭阀门

39. 属地车间要定期对介质互窜点的（　　）的状态等进行检查和确认，发现问题要及时处理和反馈。
   A. 阀门　　　　　B. 放空　　　　C. 导淋　　　　　D. 盲板

40. 问题整改应实行"三定"：（　　），"四不推"原则。
   A. 定去向　　　　B. 定措施　　　C. 定时间　　　　D. 定负责人

41. 属地车间在装置（　　）介质前应认真检查工艺流程，按操作卡要求执行；涉及其他装置时要及时联系厂调度等有关各方，在得到厂调度等有关各方确认后方可进行操作。
   A. 引入　　　　　B. 隔离　　　　C. 储存　　　　　D. 切断

42. 能量释放是指可能造成人员伤害或财产损失的工艺物料或设备所含有能量的释

放。这些能量主要包括：（　　）、势能（压力、弹簧力、重力等）、化学能（毒性、腐蚀性、可燃性等）、辐射能等。

A. 光能　　　　　B. 电能　　　　　C. 热能　　　　　D. 机械能

43. 隔离是指将（　　）等设定在合适的位置或借助特定的设施使设备不能运转或能量不能释放。

A. 仪表　　　　　B. 阀件　　　　　C. 电气开关　　　D. 蓄能配件

44. 在原油加工过程中，铁制设备或容器在加工高（含）硫石油时易遭受硫化氢的腐蚀，生成由（　　）等几种硫铁化合物组成的混合物。

A. 硫化亚铁　　　B. 硫醇　　　　　C. 二硫化亚铁　　D. 三硫化二铁

45. 炼油化工生产是（　　）的物理化学过程。

A. 连续性　　　　B. 安全性　　　　C. 系统性　　　　D. 关联性

46. 非计划开停工是指生产运行或生产经营遇到非正常情况而导致的被迫计划调整变更进行的生产开停工。其中包括：（　　）。

A. 可预见非计划开停工　　　　　B. 紧急开停工
C. 不可预见非正常计划开停工　　D. 局部开停工

47. 班组长在组织本班员工在开停工中要（　　），稳妥高效实现开停工目标。

A. 突出重点　　　B. 把握特点　　　C. 抓住关键点　　D. 掌握操作点

48. 根据日常生产中积累的经验，班组长将开停工具备的条件与实际生产操作紧密结合，为车间（　　）是否具备开停工条件提供依据。

A. 判定　　　　　B. 确认　　　　　C. 分析　　　　　D. 掌握

49. 基层车间应在开停工组织机构中吸纳（　　）突出的班组长作为成员，在开停工方案制定讨论时，班组长能凭借丰富的生产经验和对本装置流程管线的了解，给开停工小组提出准确的方案建议。

A. 经验丰富　　　B. 人员管理　　　C. 组织能力　　　D. 技术水平

50. 开停工实施进度，直接影响整个计划执行的成效，进度安排的（　　）与进度统筹的实效是成败的关键。

A. 详细　　　　　B. 快捷　　　　　C. 科学　　　　　D. 合理

三、判断题（对的画"√"，错的画"×"）

（　　）1. 炼油化工企业属于易燃、易爆、易污的高危行业，具有产品种类多，生产及产品的形成过程中，生产过程及工艺流程复杂、要求高等特点。

（　　）2. 班组的生产管理无关于企业的稳定和可持续发展。

（　　）3. 做好班组的生产管理，是班组长的任务和职责。

（　　）4. 班组是企业生产任务的直接承担者、财富的创造者，班组的生产保障功能应是班组的首要功能。

（　　）5. 班组长对班组安全生产工作负全面责任，履行属地管理责任。

（　　）6. 班组长生产管理的主要内容有，负责并确保本班在岗人员资质的审核和换岗审批，确保班组生产顺利进行。

（　　）7. 严格按照企业的规章制度查班员的劳动纪律，常抓不懈。

第三章　班组生产管理

（　　）8. 班组管理是指运用有效的管理方法和手段，按照生产客观要求科学优化班组生产管理要素，合理组织班组成员，安全优质高效地全面完成生产任务的一系列控制活动。

（　　）9. 班组生产运行管理是指对班组生产工艺进行具体执行和实施，从而将工艺理论和方法应用实施在生产过程中，实现生产受控。

（　　）10. 操作规程，是指装置或设备从初始状态通过一定顺序过渡到最终状态的一系列准确的操作步骤、规则和程序。

（　　）11. 新改扩建装置首先编制操作规程（试行版），试用一周后，更新为正式操作规程。

（　　）12. 所有的异常状态要及时记录在隐患记录本上，并写明发现及处理的时间，使事件处于最终状态。

（　　）13. 班组长每班检查要按规定进行，并在交接班日记上签署检查情况和意见。

（　　）14. 装置大检修开停工规程使用后，必须由技术主管部门组织评审、会签。

（　　）15. 装置进行技术或设备改造后，必须由技术主管部门组织对相应的操作规程进行评审、会签。

（　　）16. 工艺卡片中的工艺参数源于对工艺技术过程的深入理解和提炼。

（　　）17. 工艺卡片是生产过程控制的依据。

（　　）18. 新装置开工初期可以使用临时工艺卡片，待生产工艺运行稳定后，更换为正式的工艺卡片。

（　　）19. 在役装置工艺卡片原则上每半年评审、修订一次。修订的工艺卡片未执行前，原工艺卡片有效。

（　　）20. 装置每次大检修后，技术主管部门组织相关人员对检修后的工艺卡片进行评审，确定工艺卡片的有效性。

（　　）21. 装置进行技术或设备改造后，技术主管部门组织相关人员对工艺卡片重新进行修订。

（　　）22. 工艺卡片中控制指标的变更要按照管理级别进行审核、修订。

（　　）23. 工艺卡片指标变更审批单应和工艺卡片一起保存，并随工艺卡片换版而自动作废。

（　　）24. 依据操作卡的编制原则，班组长应参与操作卡编写工作，代表操作层面人员加入编写小组，参与集体讨论，根据现场的操作经验和岗位实际操作需求，以工程设计和生产实践为依据，不断修订操作卡内容，保证操作卡正确，操作步骤完整、细致、准确、量化，具有可操作性。

（　　）25. 操作卡在执行时要符合执行程序和执行要求。

（　　）26. 在役装置操作卡随工艺卡片每年评审一次，确认修改和补充完善的内容。

（　　）27. 装置进行技术或设备改造前，必须由技术主管部门组织对相应的操作卡进行评审、会签。

（　　）28. 使用后的操作卡由车间（装置）收回，按记录文件处理。

（　　）29. 在检查过程中，不但注意本岗位巡回检查内容，还要兼顾相邻岗位及全装置生产运行情况。

(　　) 30. 平稳率控制点因装置局部已停工或紧急停工而未发生的,生产车间予以明确说明后可以剔除。

(　　) 31. 出现工艺指标超出平稳率范围,操作员必须进行控制调整,生产车间针对超标原因,制定纠正措施,防止再次发生超标的现象。

(　　) 32. 操作平稳率的管理内容之一是要建立班组操作平稳率的考核机制。

(　　) 33. 因生产变更导致的平稳率超标,则由直属生产企业生产运行管理部门对超标单位进行相应的考核。

(　　) 34. 生产过程控制是规范班组交接班管理,确保装置安全平稳运行,加强装置生产过程控制的一项重要制度。

(　　) 35. 开班前会。接班人员、接班班长和车间管理人员在接班前10min到交接班室参加班前会,交班班长汇报本班生产情况。

(　　) 36. 交接班时发现异常情况或存在问题,交接双方到现场确认,接班人有权对交待不清或没交待的问题提出疑问,接班人在交班人的协助下,负责对问题进行处理,当问题已搞清楚或已处理,经接班人同意,将存在问题记入交接班日记中,接班人签字后交班人方可离岗。

(　　) 37. 工艺及设备发生变更时,工程技术人员要及时修订操作规程、岗位练兵卡、上岗包机内容。

(　　) 38. 班组长定期对生产装置现场的防护措施进行检查,发现问题通过相关部门及时采取相应措施。

(　　) 39. 班组长负责并确保本班替岗人员资质的审核和换岗审批,确保班组生产顺利进行。

(　　) 40. 如果作业现场有跨车间多专业班组同时交叉工作,在车间批准后还应经厂生产技术部门批准。

(　　) 41. 工艺卡片中的控制指标的变更要按照管理级别进行审批。

(　　) 42. 操作卡在执行时要符合操作程序和执行要求。

(　　) 43. 班组现场交接班是上、下班之间的责任交接,是保证生产连续进行的一项重要制度。

(　　) 44. 交接班双方要服从领导统一安排,交接班原始记录和交接班日记要按照保存期要求,由工艺人员保管。

(　　) 45. 接班人员若有疑问,交班人员一定要讲解清楚。若存在分歧,汇报车间领导,协调解决。

(　　) 46. 班前会是化工企业连续运行班组(或生产岗位)实行交接班过程管理的第一步,开好班前会有助于现场交接班工作,更有助于班组气氛。

(　　) 47. 交接班日记是连续运转班组用于交接生产、工艺、设备、安全等方面情况的记录。

(　　) 48. 班后会是化工企业连续运行班组(或生产岗位)实行交接班过程管理的最后一步,开好班后会会有助总结生产工作经验和教训,有利于集中解决问题。

(　　) 49. 在生产的管理组织上,班组成员在班长的组织下,按照车间生产主任或公司调度的指令,具体负责本岗位的生产操作。

第三章　班组生产管理

（　　）50. 对于化工企业车间来说不必编制标准作业计划，只要将公司下达的月生产计划按日、按班组分配即可，也叫排产。

（　　）51. 操作卡最终由操作人员执行，执行时要结合装置操作的实际情况。

（　　）52. 操作卡片是生产受控的关键技术文件，操作过程中操作员必须严格执行"只有规定动作，没有自选动作"的持卡操作原则。

（　　）53. 外操持便携式操作卡，进行现场操作和必要的三级确认后，回操作室填写操作卡，对已完成的操作或确认划"√"、签字并填写时间。

（　　）54. 炼油化工生产异常指造成生产运行延迟（循环）或将导致停工的状况。

（　　）55. 质量异常是指生产运行中出现的加工过程的产品质量缺陷问题（比如馏出口不合格的问题）。

（　　）56. 操作异常：因操作不当或误操作造成的操作异常现象。

（　　）57. 物料平衡异常是指因计划有误或计划变更，给生产带来的异常（比如原料数量的变化，原料品种的变化，原料密度的变化等）。

（　　）58. 一般系统异常（班组生产所辖外）的响应是自下而上运行。

（　　）59. 介质互窜指不同性质的两种或两种以上的介质发生意外混入。

（　　）60. 防止介质互窜产生的办法就是看压力，只有设备或是管线内压力不小于氮气的压力时才可接胶带氮气置换，然后，及时断开，不允许长期连接。

（　　）61. 设置隔离点是防止介质互窜的重要手段。

（　　）62. 属地车间在吹扫、置换作业前应制定置换方案，制定介质防互窜确认表，并严格履行确认程序，防止介质互窜。

（　　）63. 置换作业时严禁用较高压力的介质去置换较低压力的介质。

（　　）64. 吹扫置换作业必须严格按操作规程进行操作，不得动用或改变与本次吹扫置换作业有关的工艺管线和设备。

（　　）65. 对所有危险能量和物料的隔离设施均应加盲板、上锁、挂标签并测试隔离效果。

（　　）66. 在炼化企业多种有毒元素危害中，硫元素危害是最常见的，其中硫化亚铁危害尤为严重。

（　　）67. 含硫介质的放空烟囱，在生产及停产期间，要采取措施，严禁形成正压。

（　　）68. 化工厂的轻烃换热器，碱洗塔，高、低压脱丙烷塔在停工置换期间都是易发生自燃的设备，要在蒸塔后注入大量的水洗塔并保持湿润状态。

（　　）69. 班组基层员工考核的周期相对短一些。

（　　）70. 塔和容器吹扫、置换结束后，必须待塔内温度降到常温或经过密闭钝化后才能开启人孔。

（　　）71. 检修期间对含有硫化亚铁部位挂专门警示牌并将检修方案中防硫化亚铁危害的内容培训到每名员工，有硫化亚铁部位管线、容器施工动火前要做可燃气分析合格后方可动火。

（　　）72. 检修期间，对可能存在硫化亚铁的设备外表进行红外测温，特别是在气温较高的环境下，对于重点部位应安排专人进行特殊监护，监护人员须经过硫化亚铁危害控制措施专门培训。

(   ) 73. 设备、管线用蒸汽蒸煮吹扫时，要确保放空管线畅通，保证吹扫质量，防止残油及剩余油气的存在，减少引发硫化亚铁自燃事故的隐患。

(   ) 74. 进入含硫化亚铁设备前要用清水冲洗，保证内部构件湿润，清除的硫化亚铁运出设备外应装入密封桶中并加干冰暂存，按危险废弃物进行处置。

(   ) 75. 静电电流虽然不大，但因其电压很高而容易发生火花放电。

(   ) 76. 计划开停工是指根据生产装置运行周期由生产经营计划所确定的生产装置开停工，计划安排。

(   ) 77. 可预见非计划开停工是指生产技术或故障导致计划变更而进行的计划开停工安排。

(   ) 78. 不可预见非正常计划开停工是指非生产运行发生突发性故障或事故，以及系统外遇到重大事故灾害波及生产无法正常运行而导致的开停工。

(   ) 79. 班组长要组织班组人员学习开停工操作规程及操作卡和开停工条件确认内容。

(   ) 80. 班组长参与开停工进度安排和进度统筹网络关联图的制定，对班组长执行开停工方案具有重要意义。

四、简答题

1. 什么是班组生产管理？

2. 班组生产管理的原则是什么？

3. 新《安全生产法》的立法目的是什么？

4. 班组生产管理规范化工作中的"五按"是什么？

5. 班组生产管理规范化工作中的"五干"是什么？

6. 什么是生产运行管理？

7. 生产运行管理的内容有哪些？

8. 在日常工作中做好节能工作有几个方面？

9. 巡回检查管理制度是什么？

10. 交接班管理的内容有哪些？

11. 操作平稳率的管理内容有哪些？

12. 巡回检查管理的要求是什么？

13. 召开班后会的目的是什么？

14. 执行操作卡的目的是什么？

15. 班组生产作业的基本要求是什么？

16. 什么是生产异常管理？

17. 生产异常管理的内容有哪些？

18. 生产异常响应程序的特点有哪些？

19. 在正常生产情况防止介质互窜应采取什么应对措施？

20. 在装置开停工情况下防止介质互窜应采取什么应对措施？

21. 什么是能量释放？

22. 实施能量隔离的基本要求是什么？

23. 班组长应该掌握的应急管理技能有哪些？

24. 硫化亚铁的危害有哪些？

25. 开车前的准备工作有哪些？

26. 装置开停车指令步骤是什么？

27. 开、停工过程中，现场操作的确认原则是什么？

28. 停车方式有几种？都是什么？

29. 什么是局部紧急停车？

参考答案

一、单项选择题

1. B	2. C	3. A	4. D	5. D	6. B	7. A	8. A	9. B	10. D
11. A	12. C	13. D	14. C	15. D	16. C	17. A	18. B	19. A	20. A
21. C	22. D	23. A	24. A	25. D	26. D	27. A	28. C	29. B	30. C
31. A	32. C	33. B	34. D	35. C	36. B	37. D	38. A	39. C	40. B
41. A	42. A	43. D	44. D	45. D	46. A	47. D	48. B	49. D	50. C
51. D	52. B	53. A	54. A	55. D	56. D	57. D	58. B	59. A	60. B
61. C	62. D	63. A	64. D	65. D	66. C	67. A	68. A	69. B	70. D
71. C	72. B	73. D	74. A	75. A	76. B	77. C	78. B	79. A	80. A

二、多项选择题

1. AD	2. ABC	3. ABD	4. AC	5. BCD	6. BC	7. ABD
8. BCD	9. ABC	10. ABC	11. BD	12. ABC	13. ABCD	14. ABCD
15. BCD	16. AC	17. AC	18. ABD	19. ABC	20. ABC	21. BCD
22. ABD	23. AC	24. AC	25. ABD	26. ABC	27. ABCD	28. CD
29. AB	30. BC	31. ABCD	32. ACD	33. BCD	34. AD	35. BC
36. BCD	37. ABCD	38. AC	39. AD	40. BCD	41. AD	42. BCD
43. BCD	44. ACD	45. ACD	46. AC	47. ABC	48. AB	49. AD	50. CD

三、判断题

1. ×　正确答案：炼油化工企业属于易燃、易爆、易污的高危行业，具有产品种类多，生产及产品的形成过程中，生产技术及工艺流程复杂、要求高等特点。　2. ×　正确答案：班组的生产管理直接关系到企业的稳定和可持续发展。　3. ×　正确答案：做好班组的生产管理，是班组长的首要任务和职责。4. √　5. √　6. ×　正确答案：班组长生产管理的主要内容有，负责并确保本班替岗人员资质的审核和换岗审批，确保班组生产顺利进行。7. √　8. ×正确答案：班组生产管理是指运用有效的管理方法和手段，按照生产客观要求科学优化班组生产管理要素，合理组织班组成员，安全优质高效地全面完成生产任务的一系列控制活动。　9. ×　正确答案：班组生产运行管理是指对班组生产工艺进行具体执行和实施，从而将工艺理论和方法应用实施在生产过程中，实现全部生产受控。　10. √　11. ×　正确答案：新改扩建装置首先编制操作规程（试行版），试用一段时间后，更新为正式操作规程。　12. ×　正确答案：所有的异常状态要及时记录在隐患记录本上，并写明发现及处理的时间，使事件处于闭合状态。　13. ×　正确答案：值班人员每班检查要按规定进行，并在交接班日记上签署检查情况和意见。　14. ×　正确答案：装置大检修开停工规程使用前，必须由技术主管部门组织评审、会签。　15. √　16. ×　正确答案：工艺卡片中的控制参数源于对工艺技术过程的深入理解和提炼。 17.√ 18.× 正确答案：新装置开工初期可以使用临时工艺卡片，待生产工艺运行稳定后，修订为正式的工艺卡片。 19.× 正确答案：在役装置工艺卡片原则上每年评审、修订一次。修订的工艺卡片未执行前，原工艺卡片有效。 20.× 正确答案：装置每次大检修后，技术主管部门组织相关人员对检修前的工艺卡片进行评审，确定工艺卡片的有效性。 21.√ 22.× 正确答案：工艺卡片中控制指标的变更要按照管理级别进行审批。 23.√ 24.√ 25.√ 26.× 正确答案：在役装置操作卡随操作规程每年评审一次，确认修改和补充完善的内容。 27.× 正确答案：装置进行技术或设备改造后，必须由技术主管部门组织对相应的操作卡进行评审、会签。 28.√ 29.√ 30.× 正确答案：平稳率控制点因装置局部已停工或全部停工而发生的，生产车间予以明确说明后可以剔除。 31.× 正确答案：出现工艺指标超出平稳率范围，班组必须进行控制调整，生产车间针对超标原因，制定纠正措施，防止再次发生超标的现象。 32.√ 33.× 正确答案：因操作不当导致的平稳率超标，则由直属生产企业生产运行管理部门对超标单位进行相应的考核。 34.× 正确答案：交接班制是规范班组交接班管理，确保装置安全平稳运行，加强装置生产过程控制的一项重要制度。 35.× 正确答案：开班前会。交接班人员、交班班长和车间管理人员在接班前10min到交接班室参加班前会，交班班长汇报本班生产情况。 36.× 正确答案：交接班时发现异常情况或存在问题，交接双方到现场确认，接班人有权对交待不清或没交待的问题提出疑问，交班人在接班人的协助下，负责对问题进行处理，当问题已搞清楚或已处理，经接班人同意，将存在问题记入交接班日记中，接班人签字后交班人方可离岗。 37.√ 38.√ 39.√ 40.√ 41.√ 42.× 正确答案：操作卡在执行时要符合执行程序和执行要求。 43.√ 44.× 正确答案：交接班双方要服从领导统一安排，交接班原始记录和交接班日记要按照保存期要求，由专人保管。 45.× 正确答案：接班人员若有疑问，交班人员一定要讲解清楚。若存在分歧，汇报各自班长，协调解决。 46.× 正确答案：班前会是化工企业连续运行班组（或生产岗位）实行交接班过程管理的第一步，开好班前会有助于现场交接班工作，更有助于团队建设。 47.× 正确答案：交接班日记是连续运转班组用于交接生产、设备、安全等方面情况的记录。 48.√ 49.× 正确答案：在生产的管理组织上，班组成员在班长的组织下，按照车间技术员、生产主任或公司调度的指令，具体负责本岗位的生产操作。 50.√ 51.× 正确答案：操作卡最终由生产班组执行，执行时要结合装置操作的实际情况。 52.√ 53.× 正确答案：外操持便携式操作卡，进行现场操作和必要的一级确认后，回操作室填写操作卡，对已完成的操作或确认划"√"、签字并填写时间。 54.√ 55.√ 56.√ 57.× 正确答案：生产计划异常是指因计划有误或计划变更，给生产带来的异常（比如原料数量的变化，原料品种的变化，原料密度的变化等）。 58.× 正确答案：一般系统异常（班组生产所辖外）的响应是自上而下运行。 59.√ 60.× 正确答案：防止介质互窜产生的办法之一看压力，只有设备或是管线内压力小于氮气的压力时才可接胶带氮气置换，然后，及时断开，不允许长期连接。 61.√ 62.× 正确答案：属地车间在吹扫、置换作业前应制定相关方案，制定介质防互窜确认表，并严格履行确认程序，防止介质互窜。 63.× 正确答案：置换作业时严禁用较低压力的介质去置换较高压力的介质。 64.× 正确答案：吹扫置换作业必须严格按操作规程进行操作，不得动用或改变与本次吹扫换作业无关的工艺管线和设备。　65.×　正确答案：对所有危险能量和物料的隔离设施均应上锁、挂标签并测试隔离效果。　66.√　67.×　正确答案：所有含硫介质的放空烟囱，在生产及停产期间，要采取措施，严禁形成负压。　68.×　正确答案：化工厂的轻烃换热器，碱洗塔，高、低压脱丙烷塔在停工置换期间都是易发生自燃的设备，要在蒸塔后注入大量的水浸湿并保持湿润状态。　69.√　70.×　正确答案：塔和容器蒸煮结束后，必须待塔内温度降到常温或经过密闭钝化后才能开启人孔。　71.√　72.√　73.×　正确答案：设备、管线用蒸汽蒸煮吹扫时，要确保低点排凝畅通，保证吹扫质量，防止残油及剩余油气的存在，减少引发硫化亚铁自燃事故的隐患。　74.×　正确答案：进入含硫化亚铁设备前要用清水冲洗，保证内部构件湿润，清除的硫化亚铁运出设备外应装入密封桶中并加水封暂存，按危险废弃物进行处置。　75.√　76.√　77.×　正确答案：可预见非计划开停工是指非生产技术或故障导致计划变更而进行的计划开停工安排。　78.×　正确答案：不可预见非正常计划开停工是指生产运行发生突发性故障或事故，以及系统外遇到重大事故灾害波及生产无法正常运行而导致的开停工。　79.√　80.√

四、简答题

1. （1）班组生产管理是指运用有效的管理方法和手段；（0.4）

（2）按照生产客观要求科学优化班组生产管理要素，合理组织班组成员，安全优质高效地全面完成生产任务的一系列控制活动。（0.6）

2. （1）讲求经济效益；（0.2）

（2）实行科学管理；（0.4）

（3）组织均衡生产。（0.4）

3. （1）为了加强安全生产监督管理；（0.2）

（2）为了防止和减少生产安全事故；（0.2）

（3）为了保障人民群众生命和财产安全；（0.2）

（4）为了促进经济发展；（0.2）

（5）为了制裁安全生产违法行为。（0.2）

4. （1）按程序操作；（0.2）

（2）按路线操作；（0.2）

（3）按时间操作；（0.2）

（4）按标准操作；（0.2）

（5）按指令操作。（0.2）

5. （1）干什么；（0.2）

（2）怎么干；（0.2）

（3）什么时间干；（0.2）

（4）按什么路线干；（0.2）

（5）干到什么程度。（0.2）

6. （1）运行即指实际操作；（0.2）

（2）班组生产运行管理是指对班组生产工艺进行具体执行和实施，从而将工艺理论和方法应用实施在生产过程中，实现全部生产受控。（0.8）

7.（1）班组操作规程管理；(0.2)

（2）巡回检查管理；(0.2)

（3）操作平稳率管理；(0.1)

（4）计量器具管理；(0.1)

（5）交接班管理；(0.2)

（6）节能降耗管理。(0.2)

8.（1）掌握典型参数，指导日常生产；(0.2)

（2）利用各种能源的消耗数据测算装置能耗；(0.4)

（3）有效控制影响装置能耗的关键参数。(0.4)

9.（1）外操负责对所辖生产现场装置进行巡回检查；(0.2)

（2）内操负责在 DCS 画面上对全装置运行状态进行巡回检查；(0.2)

（3）班长负责对全装置进行巡回检查，并对本班操作工巡回检查情况进行监督、检查；(0.2)

（4）生产部门管理人员负责监督生产巡回检查情况；(0.2)

（5）公司相关职能部门负责巡检制度的落实检查。所有检查结果都考核落地。(0.2)

10.（1）交接班基本要求；(0.2)

（2）开班前会；(0.1)

（3）交接班时间；(0.2)

（4）异常处理；(0.2)

（5）顶岗规定；(0.2)

（6）召开班后会。(0.1)

11.（1）班组运行工程师具体负责各级控制点的监控，随时检查操作工艺参数的波动情况，发现问题，及时调整并记入交接班日志，每周与车间技术人员分析总结；(0.2)

（2）出现工艺指标超出平稳率范围，班组必须进行控制调整，生产车间针对超标原因，制定纠正措施，防止再次发生超标的现象；(0.2)

（3）对某一指标多次或连续超标的整改措施进行跟踪，并计入交接班日志，消除超标现象；(0.2)

（4）针对可能导致事故的指标超限，按相应事故处理预案进行处理，并及时学习、演练；(0.2)

（5）建立班组操作平稳率的考核机制。(0.2)

12.（1）各岗位人员按照规定时间、路线、检查点，对所管辖装置区域进行检查；(0.2)

（2）当班外操和检维修服务人员按照巡检时间、内容和要求负责本岗位巡检及"串牌"；(0.1)

（3）巡检人员按要求携带测振仪、测温仪、测爆仪等巡检工器具和安全防护用具，并做好运行数据实时记录和巡检记录；(0.1)

（4）巡检人员必须对所管辖装置区域内运行参数、设备情况、重点部位进行检查，重点部位要全面检查；(0.2)

（5）在检查过程中，发现异常情况或生产问题要及时处理，对于事态比较严重或存在

风险的情况要立即向上级汇报，并做好初级处理工作，避免事态扩大；(0.2)

（6）由于生产和其他特殊原因，岗位人员不能按时进行巡回检查，班长可以指派不同岗位但具备替岗资质的其他人员进行巡检，以确保装置生产安全运行。(0.2)

13.（1）班后会是化工企业连续运行班组（或生产岗位）实行交接班过程管理的最后一步；(0.2)

（2）开好班后会有助于总结生产工作经验和教训；(0.4)

（3）有利于集中解决问题；(0.2)

（4）有助于班组团队建设。(0.2)

14.（1）操作卡的执行可有效保证操作准确，避免出现误操作，影响操作平稳率；(0.4)

（2）尤其是在装置开、停工过程中，由于是多项操作作业；(0.2)

（3）极易由于流程错误、确认不到位或者室内外联系不到位出现问题。(0.4)

15.（1）对于班组内部来说，不必编制标准作业计划，只要有计划地控制燃料、动力、辅助材料消耗，按照岗位操作指南和工艺卡片进行操作，保证装置平稳率、馏出口合格率、自控率、产品收率；(0.6)

（2）同时，班组长要及时确认车间下达的生产计划完成情况，以便如实按时向值班调度汇报。(0.4)

16.（1）生产异常管理是指在炼油化工生产运行中，运用相应技术和手段，对生产异常情况的识别、判断、处理、评定的实施过程；(0.8)

（2）是班组生产管理的重要组成部分。(0.2)

17.（1）一般包括生产异常管理组织；(0.2)

（2）生产异常管理制度；(0.1)

（3）生产异常操作规程及操作卡片；(0.2)

（4）生产异常响应程序；(0.2)

（5）生产异常处理表格；(0.1)

（6）生产异常应急预案等。(0.2)

18.（1）流程的长短取决于生产异常种类及复杂难易程度，有些流程步骤根据紧急情况不同几乎是同时响应的；(0.4)

（2）一般班组生产所辖装置发生异常，其响应程序是自下而上运行；一般系统异常（班组生产所辖外）的响应是自上而下运行。不论是自上而下还是自下而上，共同特点都是从源头开始到源头结束，是一个闭环运行过程。(0.6)

19.（1）属地车间要定期对介质互窜点的阀门、盲板的状态等进行检查和确认，发现问题要及时处理和反馈；(0.4)

（2）属地车间应保持生产装置的换热（冷）设备完好，防止泄漏导致的介质互窜。应定期进行检查或化验分析，及时发现和处理可能的介质互窜，特别要防止工艺介质窜入公用工程系统。(0.6)

20.（1）属地车间在制定装置开停工方案时应充分考虑到介质互窜的可能，制定详尽方案，编制装置停开工盲板表设置，防止介质互窜；(0.6)

（2）属地车间在装置引入、切断介质前应认真检查工艺流程，按操作卡要求执行。

(0.4)

21.（1）能量释放是指可能造成人员伤害或财产损失的工艺物料或设备所含有能量的泄漏；(0.6)

（2）主要包括电能、机械能、热能、势能、化学能、辐射能等。(0.4)

22.（1）对所有危险能量和物料的隔离设施均应上锁、挂标签并测试隔离效果；(0.4)

（2）在开始作业前，确认隔离已到位并执行上锁、挂标签，是属地单位与作业单位人员的共同责任。(0.6)

23.（1）风险辨识能力；(0.2)

（2）应急预案制定能力；(0.2)

（3）应急演练的组织能力；(0.2)

（4）应急现场指挥能力；(0.2)

（5）应急善后处理能力。(0.2)

24.（1）在原油加工过程中，铁制设备或容器在加工高（含）硫石油时易遭受硫化氢的腐蚀，生成由硫化亚铁、二硫化亚铁、三硫化二铁等几种硫铁化合物组成的混合物；(0.6)

（2）硫化亚铁属于有毒类易燃品，在常温下极易发生自燃，当热量积聚到一定程度时，就会引起爆炸和火灾。(0.4)

25.（1）施工工程安装完毕后的验收工作；(0.2)

（2）开车所需原料、辅助原料、公用工程，以及生产所需要物质的准备工作；(0.2)

（3）技术文件、设备图纸及使用说明和各专业的施工图、岗位操作法和试车文件的准备工作；(0.2)

（4）车间组织的健全、人员配备及考核工作；(0.2)

（5）配管、机械设备、仪表电气、安全设施及盲板和过滤网的最终检查工作。(0.2)

26.技术人员（或生产主任）向班长下达操作指令(0.2)→班长向内操下达操作指令(0.2)→内操指挥外操进行现场操作(0.2)→内操、班长或技术人员进行相关的现场多级确认(0.2)→填写相关操作卡片，完成操作指令。(0.2)

27.（1）一级确认：对于特别简单的流程动改和操作，可由操作人对照随身携带的提示卡，在操作完成后，直接进行现场确认；(0.4)

（2）二级确认：对于只涉及一个岗位或一般的流程动改和操作，由内操（或班组长）、技术员进行两级现场确认；(0.2)

（3）三级确认：对于涉及多个岗位或重要的、复杂的流程动改和操作，应由内操（或班组长）、技术人员、生产主任进行三级确认，保证操作无误，开、停工顺利进行。(0.4)

28.（1）停车方式有三种；(0.4)

（2）正常停车；(0.2)

（3）局部紧急停车；(0.2)

（4）全面紧急停车。(0.2)

29.（1）生产过程中，在一些想象不到的特殊情况下的停车，称为局部紧急停车；(0.4)

（2）如某设备损坏、某部分电气设备的电源发生故障、某一个或多个仪表失灵等，都会连造成生产装置的局部紧急停车。(0.6)

第四章 班组安全管理

一、单项选择题（每题4个选项，只有1个是正确的，将正确的选项号填入括号内）

1. 确保班组（　　）是班组长的首要职责。
   A. 质量合格　　　B. 效益最大　　　C. 平稳运行　　　D. 生产安全

2. 当化工装置关键设备，特别是（　　）的塔槽、反应釜、加热炉、经常开闭的阀门等进入到寿命周期的故障频发阶段，常会出现故障多发或集中发生的情况。
   A. 高负荷　　　B. 低负荷　　　C. 长周期　　　D. 短周期

3. 班组安全管理的生产方针是（　　）。
   A. 安全第一、预防为主、防消结合　　B. 安全第一、预防为主、综合治理
   C. 以防为主、防消结合　　　　　　　D. 安全第一、综合治理

4. 下列不属于班组安全管理基本内容的是（　　）。
   A. 班组安全检查　B. 班组安全教育　C. 班组劳动纪律　D. 安全文化建设

5. 班组长具有（　　）的双重身份，是安全管理中的关键人物。
   A. 管理者和生产者　　　　　　　B. 管理者和实施者
   C. 实施者和生产者　　　　　　　D. 责任者和实施者

6. 班组长对"下"实施工作具有（　　）地位。
   A. 领导　　　B. 执行　　　C. 服从　　　D. 支配

7. 班组长对上承接具有（　　）地位。
   A. 组织　　　B. 服从　　　C. 管理　　　D. 领导

8. 班组人未到岗位或缺勤时，由（　　）从"车间各岗位具备替岗资质人员名单"中确定相应的人员替岗。
   A. 车间主任　　B. 车间生产主任　　C. 班长　　D. 运行工程师

9. 班组长要发挥三个作用：一是确保企业决策的有效执行；二是顺利实现上传下达；三是充当全（　　）的能手。
   A. 天候　　　B. 方位　　　C. 岗位　　　D. 班组

10. （　　）不属于班组长的工作权限。
    A. 生产经营管理权　　　　　　　B. 工作细则实施权
    C. 合理权益维护权　　　　　　　D. 提拔晋级决定权

11. 通过安全检查，可以在事故发生之前辨识出生产过程中的（　　）为分析、评价和控制危险，预防事故提供依据。
    A. 安全因素　　B. 危险因素　　C. 环境因素　　D. 稳定因素

12. 目前，很多班组实行（　　）制。
    A. 一班一检　　B. 一班二检　　C. 一班三检　　D. 一班四检

13. 安全检查是运用安全系统工程的原理对系统中影响安全的有关要素逐项进行检查的一种方法，运用的主要方法是（   ）。
   A. 现场观察   B. 安全检查表法
   C. 工作安全分析   D. 危险与可操作性分析
14. 凡新入厂员工，包括代培人员和实习人员等，必须经（   ）安全教育。
   A. 一级   B. 二级   C. 三级   D. 四级
15. 下列关于班组级安全教育内容表述错误的是（   ）。
   A. 岗位安全操作规程
   B. 岗位之间工作衔接配合的安全与环境保护事项
   C. 典型事故案例
   D. 遵章守纪
16. 安全技术知识教育不包括（   ）教育。
   A. 生产技术知识   B. 一般安全技术知识
   C. 专业安全技术知识   D. 工作安全分析知识
17. 安全思想教育是安全教育的基础，培养员工的安全素质和安全（   ）。
   A. 意愿   B. 意识   C. 知识   D. 常识
18. 以下哪项不是常用的安全教育形式（   ）。
   A. 师徒合同式   B. 理论学习式   C. 竞赛活动式   D. 技术练兵式
19. （   ）知识教育是指对某一工种的员工进行的其必须具备的专业安全知识教育。包括安全技术、工业卫生技术和专业安全技术操作规程。
   A. 专业安全技术   B. 一般安全技术   C. 工业卫生技术   D. 安全防护基本
20. 在生产过程、劳动过程、作业环境中存在的危害劳动者健康的因素，称为（   ）危害因素。
   A. 劳动生理   B. 劳动心理   C. 劳动健康   D. 职业性
21. 由（   ）危害因素所引起的疾病称为职业病。
   A. 传染性   B. 化学性   C. 危化物   D. 职业性
22. （   ）是国家和单位为保护劳动者在劳动生产过程中的安全和健康所采取的立法、组织和技术措施的总称。
   A. 个人防护   B. 劳动保护   C. 防护用品   D. 劳动管理
23. 劳动防护用品必须依据安全生产、防止职业性伤害的需要，按照不同工种、不同岗位、不同劳动条件向员工发放，（   ）要加强劳动防护管理工作。
   A. 安全员   B. 环保员   C. 班组长   D. 操作员
24. 炼油化工生产过程中，有氨气、氯气、二氧化硫等刺激气体，苯胺、硝基胺等苯的氨基、硝基化合物等，如果发生泄漏，且防护不当，容易造成（   ）事故。
   A. 中毒和窒息   B. 火灾   C. 爆炸   D. 机械伤害
25. 在易燃、易爆、烧灼及防静电发生的场所作业时，绝不能使用（   ）防护用品。
   A. 化纤   B. 纯棉   C. 混纺   D. 棉麻
26. 带电的设备、装置等，若接地或接零保护装置失灵、失效，人触及带电体漏电部位，有发生（　　）的危险。
A. 静电伤害　　　B. 触电　　　　　C. 爆炸　　　　　D. 火灾

27. （　　）雷电对储运系统危害较大，容易致使原油、成品油、轻烃等储罐设备、设施遭到雷击的伤害，继而发生较大事故。
A. 春季　　　　　B. 夏季　　　　　C. 秋季　　　　　D. 冬季

28. 噪声级达到（　　）分贝，长时间在噪声环境下工作会对人体听力和心理健康产生一定的影响。
A. 60~100　　　B. 80~100　　　C. 80~120　　　D. 90~140

29. 识别出班组安全生产过程中的危害因素后，要进一步辨识可能发生的事故后果，对危害因素进行评价、控制，这一过程称之为（　　）。
A. 风险管理　　　B. 因素评价　　　C. 危害识别　　　D. 安全评估

30. 危害防护与控制措施中首先应选择的操作是（　　）。
A. 消除　　　　　B. 替代　　　　　C. 降低　　　　　D. 隔离

31. 事故防范是指在事故（　　）采取有效的措施，使其得以控制或将损失和危害减小到最低限度。
A. 发生前　　　　B. 未发生前　　　C. 发生时　　　　D. 发生后

32. 事故防范应在事故（　　）。
A. 发生前　　　　B. 未发生前　　　C. 发生时　　　　D. 发生后

33. 遇有（　　）级以上大风不准动火。
A. 4　　　　　　　B. 5　　　　　　　C. 6　　　　　　　D. 7

34. 下列属于化学性窒息气体的是（　　）。
A. 一氧化碳　　　B. 二氧化碳　　　C. 甲烷　　　　　D. 氮气

35. 只要存在空气或氧气等（　　）物及火源，易燃易爆危险化学品就可能燃烧甚至爆炸。
A. 自燃　　　　　B. 助燃　　　　　C. 点燃　　　　　D. 燃点

36. 发生事故有许多因素，基本因素是人、物、环境和安全管理，（　　）的因素是占主导地位的。
A. 人　　　　　　B. 物　　　　　　C. 环境　　　　　D. 安全管理

37. 安全教育对策是利用各种形式的教育和训练，使职工树立（　　）的思想。
A. 环保优先　　　B. 安全第一　　　C. 效益最大　　　D. 质量管理

38. （　　）运用工程技术手段消除不安全因素，实现生产工艺、机械设备等生产条件的安全。
A. 安全技术对策　B. 安全教育对策　C. 安全强制对策　D. 安全管理对策

39. （　　）利用各种形式的教育和训练，使职工树立"安全第一"的思想，掌握安全生产所必需的知识和技能。
A. 安全技术对策　B. 安全教育对策　C. 安全强制对策　D. 安全管理对策

40. （　　）借助于规章制度、法规等必要的行政乃至法律手段约束人们的行为。
A. 安全技术对策　B. 安全教育对策　C. 安全强制对策　D. 安全管理对策

41. 班组应急处置的主要任务是（　　）。

A. 风险评估　　　　　　　　　　B. 危险与可操作性分析
C. 作业条件分析　　　　　　　　D. 制定和实施应急操作卡

42. 为保证班组应急行动的有效性和可靠性，需要事先制定针对某一类突发事件的应急处置方案，明确应对突发事件的（　　）。
    A. 风险评估　　　B. 行动步骤　　　C. 权责划分　　　D. 组织机构

43. 现场发现险情首先应向（　　）报警并根据事发现场情况采取可靠防护措施。
    A. 主控室　　　　B. 生产调度室　　C. 生产主任　　　D. 班组长

44. 应急演练主要针对（　　）中的应急响应功能进行检验。
    A. 操作规程　　　B. 演练脚本　　　C. 现场处置方案　D. 技术规程

45. 班组安全文化建设是一项具有（　　）、战略性的安全管理策略。
    A. 安全性　　　　B. 稳定性　　　　C. 基础性　　　　D. 认知性

46. 影响班组安全文化建设的因素主要有：班组长素质、职工素质、（　　）、班组内人际关系等四个内部因素。
    A. 班组安全文化　　　　　　　　B. 班组工作方法
    C. 班组长工作方法　　　　　　　D. 职工安全意识

47. "三同时"即新建、改建、扩建工程项目的（　　）必须与主体工程同时设计、同时施工、同时投入生产和使用。
    A. 基础设施　　　B. 配套工程　　　C. 技术规程　　　D. 安全设施

48. "三同时"是指新建、改建、扩建工程项目的安全设施必须与主体工程同时设计、（　　）、同时投入生产和使用。
    A. 同时规划　　　B. 同时投资　　　C. 同时施工　　　D. 同时验收

49. 开展5S活动和清洁生产，搞好现场管理，建设一个安全舒适的安全（　　）环境。
    A. 物质文化　　　B. 制度文化　　　C. 观念文化　　　D. 行为文化

50. "加快隐患治理，确保现有装置安稳运行"属于班组安全文化中（　　）的内容。
    A. 物质文化　　　B. 制度文化　　　C. 观念文化　　　D. 行为文化

51. "编写班组安全制度"属于班组安全文化中（　　）的内容。
    A. 物质文化　　　B. 制度文化　　　C. 观念文化　　　D. 行为文化

52. "对安全知识和三级安全教育的内容进行更新和整理"属于班组安全文化中（　　）的内容。
    A. 物质文化　　　B. 制度文化　　　C. 观念文化　　　D. 行为文化

53. "加强职业安全道德教育，做到'三不伤害'"属于班组安全文化中（　　）的内容。
    A. 物质文化　　　B. 制度文化　　　C. 观念文化　　　D. 行为文化

54. 班组安全文化建设要有健全的（　　）机制。
    A. 奖惩　　　　　B. 处罚　　　　　C. 激励　　　　　D. 考核

55. 班组安全文化建设要把提升员工安全素质能力作为（　　）。
    A. 唯一目标　　　B. 战略目标　　　C. 主要目标　　　D. 最终目标

56. 下列属于"安全文化理念"内容的是（   ）。
   A. 安全第一，预防为主　　　　　　B. 事故可防、可控、能控
   C. 恪守规程，按章操作　　　　　　D. 遵章守纪，严格自律
57. "生产必须安全，安全方可生产"属于安全文化核心中的（   ）。
   A. 安全信念　　　B. 安全意识　　　C. 安全文化理念　　　D. 安全纪律
58. "不伤害他人、不伤害自己、不被他人伤害"属于安全文化核心中的（   ）。
   A. 安全信念　　　B. 安全意识　　　C. 安全文化理念　　　D. 安全纪律
59. 每班（   ）应进行安全喊话。
   A. 作业前　　　　B. 班前　　　　　C. 班中　　　　　　D. 班后
60. 班组应按照（   ）认真履行安全监督、监护职责。
   A. 监管原则　　　　　　　　　　　B. 属地管理原则
   C. 安全生产原则　　　　　　　　　D. 安全防护原则

二、多项选择题（每题有4个选项，至少有2个是正确的，将正确的选项号填入括号内）

1. 班组长是企业安全生产的最终（   ），确保班组生产安全是班组长的首要职责。
   A. 管理者　　　B. 执行者　　　C. 落实者　　　D. 受益者
2. 炼化企业生产具有生产环境（   ）等特点。
   A. 高温、高压　B. 易燃、易爆　C. 有毒、有害　D. 高腐蚀
3. 引发中毒、窒息事故的主要因素有（   ）。
   A. 设备密封不好　　　　　　　　　B. 设备管道腐蚀
   C. 设备高温、高压运行　　　　　　D. 防护不当或处理不及时
4. 班组长安全管理特点有（   ）。
   A. 直接性　　　B. 安全性　　　C. 示范性　　　D. 及时性
5. 班组安全检查是识别生产活动中存在的（   ）管理活动。
   A. 物的不安全状态　　　　　　　　B. 人的不安全行为
   C. 管理的缺陷　　　　　　　　　　D. 潜在的职业危害
6. 班组安全检查主要是通过（   ）现场检查，发现生产过程中物的不安全状态和人的不安全行为。
   A. 车间安全员　B. 班组长　　　C. 班组安全员　D. 操作者
7. 班前检查可结合交接班检查进行，检查的重点是（   ）。
   A. 检查防护用品和用具
   B. 检查作业现场、危险源
   C. 检查机械设备、安全设施、安全装置
   D. 检查工作现场和机械设备，做到"工完场清"
8. 班中安全检查内容包括（   ）。
   A. 员工是否正确操作和使用工装、工具、设备、防护用具
   B. 员工是否有窜岗或其他违反劳动纪律现象
   C. 设备是否运行正常，不超温、超压、超负荷运转

D. 特种作业人员是否持证上岗

9. 安全检查表的要求包括（   ）。

A. 简明易懂

B. 容易掌握

C. 内容全面、详尽

D. 针对不同的检查对象选用相应的安全检查表

10. 凡新入厂员工，包括代培人员和实习人员等，必须经（   ）安全教育。

A. 公司　　　　B. 厂　　　　C. 车间　　　　D. 班组

11. 以下为班组安全活动内容的是（   ）。

A. 学习安全生产文件　　　　B. 紧急处理能力的训练和演练

C. 学习安全知识　　　　　　D. 进行安全座谈

12. 安全思想教育的主要内容包括（   ）。

A. 应急处置教育　　　　　　B. 安全生产方针、法规教育

C. 规章制度和劳动纪律教育　D. 经常性的思想教育

13. 安全教育形式有（   ）。

A. 学习讨论式　　B. 结合实际式　　C. 技术练兵式　　D. 竞赛活动式

14. 个人劳动防护用品包括（   ）防护手套等。

A. 防护服　　　　　　　　　B. 防护眼镜和防护面罩

C. 呼吸防护器　　　　　　　D. 护耳器

15. 以下哪些是炼化企业生产过程中的危害因素（   ）。

A. 中毒和窒息　　B. 高低温危害　　C. 冒顶片帮　　D. 高空坠落

16. 识别出班组安全生产过程中的危害因素后，要进一步辨识可能发生的事故后果，对危害因素进行评价、控制，这一过程称之为风险管理。主要包括：（   ）。

A. 对危险源、危险因素登记建档

B. 组织开展风险评估、风险削减和监控

C. 有针对性地制定和实施应急预案

D. 将危险源及有关安全措施、应急措施向上报告

17. 危害防护与控制措施中，通过下列哪些程序可以降低风险（   ）。

A. 工作许可　　B. 操作规程　　C. 风险评价　　D. 工艺流程图

18. 单纯性窒息气体包括（   ）等气体。

A. 氮气　　　　B. 甲烷　　　　C. 一氧化碳　　D. 二氧化碳

19. 动火作业分为（   ）类。

A. 固定动火　　B. 生活用火　　C. 生产用火　　D. 临时动火

20. 根据动火部位危险程度，临时动火分为（   ）。

A. 特殊动火　　B. 一级动火　　C. 二级动火　　D. 三级动火

21. 发生事故有许多因素，基本因素包括（   ），控制好这些基本因素，才能避免事故的发生。

A. 人　　　　B. 物　　　　C. 环境　　　　D. 安全管理

22. 班组发生事故的原因包括（   ）。

A. 技术原因　　　　B. 教育原因　　　　C. 管理原因　　　　D. 设备原因

23. 应急操作卡是针对基层单位（　　）等，依据综合预案风险分析确定的突发事件以及突发事件的后果分析编制的应急处置程序。

A. 风险类别　　　　　　　　　　　　B. 危险点
C. 关键设备、机组　　　　　　　　　D. 危险场所

24. 应急培训内容包括（　　）等应急行动要领及注意事项。

A. 灭火　　　　　　B. 紧急处置　　　　C. 救人　　　　　　D. 报警

25. 应急培训内容包括（　　）。

A. 常见危险化学品的危险性和应急措施　B. 岗位应急职责和应急任务
C. 心肺复苏术　　　　　　　　　　　　D. 个人防护用品的正确使用

26. 班组安全文化源于安全生产管理，对于实现安全生产具有（　　）的作用，班组安全文化建设是一项安全系统工程。

A. 方向性　　　　　B. 稳定性　　　　　C. 战略性　　　　　D. 判断性

27. 通过对员工的（　　）等综合安全素质的提高，达到提高班组成员的安全素质，从而实现安全生产、劳动保护和促进生产的综合目标。

A. 安全观念　　　　B. 安全意识　　　　C. 安全认知　　　　D. 安全行为

28. 影响班组安全文化建设的内部因素主要有（　　）。

A. 班组长素质　　　B. 职工素质　　　　C. 班组工作方法　　D. 班组内人际关系

29. 企业管理对班组安全文化建设的影响主要有（　　）。

A. 管理理念　　　　B. 方针目标　　　　C. 激励机制　　　　D. 民主管理

30. 通过对员工的安全观念、安全意识、安全认知、安全行为等综合安全素质的提高，达到提高班组成员的安全素质，改善班组安全生产的（　　）从而实现促进生产的综合目标。

A. 设备条件　　　　B. 作业条件　　　　C. 软条件　　　　　D. 硬条件

31. 班组安全文化包括班组安全的（　　）。

A. 物质文化　　　　B. 制度文化　　　　C. 观念文化　　　　D. 行为文化

32. 建设形式多样的安全观念文化包含（　　）。

A. 对现有的安全管理经验加以规范整理，发扬光大
B. 开展安全文学、艺术的创作
C. 对安全知识和三级安全教育的内容进行更新和整理
D. 开展安全知识、安全技术的普及工作

33. 建设规范有序的安全行为文化包含（　　）。

A. 加强职业安全道德教育，做到"三不伤害"
B. 狠抓"惯性违章"树立良好工作习惯
C. 树立安全先进个人和集体典型，做到以点带面
D. 加强精神文明建设，制定班组成员的安全行为准则

34. 建设稳定可靠的安全物质文化包含（　　）。

A. 加强"三同时"审查，确保新建、改建、扩建装置安全
B. 加快隐患治理，确保现有装置安稳运行

C. 开展"5S"活动和清洁生产，搞好现场管理，建设一个安全舒适的安全物质文化环境

D. 加强精神文明建设，制定班组成员的安全行为准则

35. "5S"活动内容包括（　　）和素养。

A. 整理　　　　　B. 整顿　　　　　C. 清扫　　　　　D. 清洁

36. 班组安全文化建设的激励机制非常重要，可采用多种形式和方法做到（　　）。

A. 树立榜样　　　　　　　　　B. 物质和精神奖励并重

C. 透明度高　　　　　　　　　D. 明了、简单、便于掌握

37. "安全文化核心"中的安全信念内容包括（　　）。

A. 全员参与　　　　　　　　　B. 零事故

C. 危险预知　　　　　　　　　D. 事故可防、可控、能控

38. "安全文化核心"中的安全意识内容包括（　　）。

A. 生产必须安全，安全方可生产　　B. 听从指挥，服从指令

C. 遵章守纪，严格自律　　　　　D. 恪守规程，按章操作

39. "安全文化核心"中的安全文化理念内容包括（　　）。

A. 爱企业、爱他人、爱自己、爱家庭、爱社会

B. 相互关爱，尊重生命

C. 不伤害他人、不伤害自己、不被他人伤害

D. 安全第一，预防为主

40. 创建安全型班组要做到（　　）。

A. 积极开展班组安全活动　　　　B. 安全教育和安全讲话

C. 掌握岗位技能　　　　　　　　D. 班组成员持证上岗

三、判断题（对的画"√"，错的画"×"）

（　　）1. 炼化企业生产具有生产过程连续、工艺过程和辅助系统庞大、自动化程度低、生产过程危险性大等特点。

（　　）2. 在化工生产过程中，影响化工工艺各种参数的干扰因素较固定，所以设定的参数比较容易控制。

（　　）3. 设备材质因腐蚀环境和受到运转时的交变应力作用而产生裂纹，在特定条件下引起脆性破裂，造成灾难事故。

（　　）4. 班组安全管理是将国家、行业和企业有关安全生产、劳动保护和职业健康的法律、法规、规章、标准、规定和措施最终落实在班组活动中，并贯穿于生产过程管理活动中。

（　　）5. 班组长要坚持安全工作理念，执行安全管理制度，时时处处把安全生产放在第一位，做到不安全不生产。

（　　）6. 班组长要坚持以人为本，实施人性化管理，形成安全生产的整体合力。

（　　）7. 企业的安全生产规章制度间接通过班组长在生产一线得到实施。

（　　）8. 班组长是管理者和执行者的双重身份。

（　　）9. 发生事故时班组长应参加和协助事故调查、分析、落实防范措施。

(　　) 10. 安全控制系统是安全检查的反馈环节，是班组安全管理的重要内容。

(　　) 11. 通过安全检查，可以在事故发生的时候辨识出生产过程中的危险因素。为分析、评价和控制危险、预防事故提供依据。

(　　) 12. 班后检查的重点是检查工作现场和机械设备，做到"工完场清"，防护用品用具摆放有序，机械设备处于完好状态，不给下一班留下隐患。

(　　) 13. 班组长必须把抓制度与抓教育有机地结合起来，把"一班三检"中遇到的问题放到安全教育活动中去慢慢处理。

(　　) 14. 安全检查表可以按生产系统、班组编写，也可以按专题编写。

(　　) 15. 检查只是手段，目的在于及时发现问题、解决问题，应该在检查过程中和检查后，发动群众及时整改。整改应实行"四定""三不推"。

(　　) 16. 安全检查是安全控制系统的反馈环节，是班组安全管理的重要内容。通过安全检查，可以在事故发生之前辨识出生产过程中的危险因素，为分析、评价和控制危险、预防事故提供依据。

(　　) 17. 班组安全活动的内容包括学习安全生产有关文件，安全管理制度、安全操作规程及安全技术知识；总结一月的安全生产情况，提出进一步搞好安全生产的对策及要求。

(　　) 18. 班组安全活动结合事故通报和典型事故案例，组织分析、讨论事故原因和预防措施，举一反三，吸取教训。

(　　) 19. 安全思想教育是安全生产的基础，目的是提高员工搞好安全生产工作的自觉性、责任心、积极性，培养员工的安全素质和安全意识。

(　　) 20. 专业安全技术知识教育是指对某一工种的员工进行的其必须具备的专业安全知识教育，包括安全技术、工业卫生技术和专业安全技术操作规程。

(　　) 21. 根据日常安全检查中发现的问题，结合员工生产岗位实际，讲解安全因素的产生和发展，避免事故的发生。

(　　) 22. 由职业性危害因素所引起的疾病称为职业病。国家主管部门公布的职业病目录所列的职业病称为法定职业病。

(　　) 23. 劳动过程有关的职业性危害因素，指不良气象条件、厂房狭小、车间位置不合理、照明不良以及与环境有关的环境因素。

(　　) 24. 劳动防护用品就是在劳动过程中为防御物理、化学、生物等有害因素伤害人体而穿戴和配备的各种物品的总称。

(　　) 25. 在易燃、易爆、烧灼及有静电发生的场所作业时，绝不能使用化纤防护用品。

(　　) 26. 在有机械转动环境中工作的人员必须戴手套，不许系领带和围巾。

(　　) 27. 员工进入生产装置、现场必须按照企业有关规定着装，巡检和现场作业必须戴安全帽，安全帽必须系紧帽带。

(　　) 28. 炼化装置存在易燃易爆介质，正常情况下发生泄漏，遇火源会发生火灾。

(　　) 29. 炼油化工生产过程中，有氨气、氯气、二氧化硫等窒息性气体，如果发生泄漏，且防护不当，容易造成中毒和窒息事故。

(　　) 30. 在识别出班组安全生产过程中的危害因素前，进一步辨识可能发生的事故后果，对危害因素进行评价、控制，这一过程称之为风险管理。

第四章 班组安全管理

(　　) 31. 作业场所危害预防与控制的基本原则一般包括两个方面：工艺控制和管理控制。

(　　) 32. 危险预知活动是在班组活动中通过分析操作过程中的动作，发现各种安全因素，并总结出一套安全操作方法。

(　　) 33. 事故防范是指在事故未发生时采取有效的措施，使其得以控制或将损失和危害减小到最低限度。

(　　) 34. 动火作业管理原则是：凡是可不动火的一律不准动火。

(　　) 35. 班组要加强安全意识的教育培训，通过安全生产方针政策、法律法规、劳动纪律、规章制度的培训提高安全意识。

(　　) 36. 班组长要带领班组成员进行调查研究，列出安全因素，研究出解决办法。

(　　) 37. 避免事故主要是防患于未然。

(　　) 38. 应急操作卡应做到一事一卡，结合应急处置中涉及的岗位进行编制。

(　　) 39. 班组应急处置的主要任务是制定和实施应急操作卡。

(　　) 40. 班组人员报警后，指派专人去装置路口接警，引导应急救援人员进入现场实施应急救援。

(　　) 41. 演练后应进行演练评价和总结，根据演练过程中发现的问题不断完善应急预案。

(　　) 42. "学习安全生产责任清单"属于应急培训内容。

(　　) 43. 应急演练可分为桌面演练和实战演练。

(　　) 44. 班组安全文化是班组文化的一个重要组成部分，是对班组安全生产活动中所形成和创造的安全物质及意识形态的概括。

(　　) 45. 班组安全文化源于安全组织管理。

(　　) 46. 班组安全文化建设是一项具有基础性、战略性的安全管理策略。

(　　) 47. 班组安全文化建设要加强民生管理。

(　　) 48. 建设切实可行的安全制度文化应制定相应的安全奖罚条例。

(　　) 49. 对安全知识和三级安全教育的内容应保证其固定性和完整性。

(　　) 50. 建设规范有序的安全行为文化，应树立安全先进个人和集体典型，做到以点带面。

(　　) 51. 班组长应有较强的责任心，不计名利，有上进心，不怕苦与累，技术过硬，在各项考核中成绩突出。

(　　) 52. 班组安全文化建设的激励机制非常重要，可采用固定的形式和方法。

(　　) 53. 班组长要把培养员工的安全信念、安全理念和安全意识放在首位。

(　　) 54. 确保安全生产是员工的愿望也是压力。

(　　) 55. 班组团队文化建设要不断创新载体和形式，形成安全的凝聚力、协调力、执行力和控制力。

(　　) 56. "听从指挥，服从指令"属于安全文化核心中的安全文化理念内容。

(　　) 57. 我们应树立"爱企业、爱他人、爱自己、爱家庭、爱社会"的安全文化理念。

(　　) 58. 创建安全型班组要严格落实安全岗位责任制，杜绝"三违"行为发生。

(　　) 59. 全员参与危害识别和风险评估，能及时发现和消除事故隐患。

(　　) 60. 班组有安全事故应急处理预案,并通过演练熟练过程,不断提高班组员工事故防范处理的能力。

四、简答题

1. 炼化企业生产风险特点有哪些?

2. 引发火灾、爆炸事故的主要因素有哪些?

3. 简述班组安全管理的基本内容。

4. 班组长的安全职责都包括哪些内容?

5. 简述班组安全检查的主要任务。

6. 班组安全检查的内容及要求有哪些?

7. 班组日常安全检查表"班中"检查的内容包括哪些?

8. 班组安全教育主要有哪些类型？

9. 职业病危害因素按其来源可概括为哪些？

10. 炼化企业生产过程中主要包括哪些危害因素？

11. 引起硫化氢中毒原因包括哪些？

12. 动火作业管理原则有哪些？

13. 应急处置的概念。

14. 简述应急培训内容。

15. 简述班组安全文化建设的目标。

16. 班组安全文化建设应该从哪几个方面入手？

17. 班组安全文化建设的途径与方法有哪些？

18. 安全文化核心中的"安全意识"包括的内容有哪些？

19. 安全文化核心中的"安全文化理念"包括的内容有哪些？

20. 创建安全型班组主要应考虑的内容有哪些？

参考答案

一、单项选择题

1. D	2. A	3. B	4. C	5. A	6. A	7. A	8. C	9. B	10. D
11. B	12. C	13. B	14. C	15. B	16. D	17. B	18. B	19. A	20. D
21. D	22. B	23. C	24. A	25. A	26. B	27. B	28. A	29. A	30. A
31. B	32. B	33. B	34. A	35. B	36. B	37. B	38. A	39. B	40. C
41. D	42. B	43. A	44. C	45. C	46. B	47. D	48. C	49. A	50. A
51. B	52. C	53. D	54. C	55. C	56. C	57. B	58. C	59. B	60. B

二、多项选择题

1. ABC	2. ABCD	3. ABD	4. AC	5. ABD	6. BCD	7. ABC
8. ABCD	9. ABD	10. BCD	11. ABCD	12. BCD	13. ABCD	
14. ABCD	15. ABD	16. ABCD	17. ABCD	18. ABD	19. ACD	
20. ABC	21. ABCD	22. ABC	23. ABCD	24. ABCD	25. ABCD	
26. ABC	27. ABCD	28. ABCD	29. BCD	30. CD	31. ABCD	
32. ABCD	33. ABCD	34. ABC	35. ABCD	36. BCD	37. BCD	
38. ABCD	39. ABCD	40. ABCD				

三、判断题

1. ×　正确答案：炼化企业生产具有生产过程连续、工艺过程和辅助系统庞大、自动化程度高、生产过程危险性大等特点。　2. ×　正确答案：在化工生产过程中，影响化工工艺各种参数的干扰因素很多，所设定的参数很容易发生偏移。　3. ×　正确答案：设备材质因腐蚀环境和受到运转时的拉伸应力作用而产生裂纹，在特定条件下引起脆性破裂，造成灾难事故。　4. √　5. √　6. √　7. ×　正确答案：企业的安全生产规章制度直接通过班组长在生产一线得到实施。　8. ×　正确答案：班组长是管理者和生产者的双重身份。　9. √　10. ×　正确答案：安全检查是安全控制系统的反馈环节，是班组安全管理的重要内容。　11. ×　正确答案：通过安全检查，可以在事故发生之前辨识出生产过程中的危险因素。为分析、评价和控制危险、预防事故提供依据。　12. √　13. ×　正确答案：班组长必须把抓制度与抓教育有机地结合起来，把"一班三检"中遇到的问题放到安全教育活动中去解决。　14. √　15. ×　正确答案：检查只是手段，目的在于及时发现问题、解决问题，应该在检查过程中和检查后，发动群众及时整改。整改应实行"三定""四不推"。　16. √　17. ×　正确答案：班组安全活动的内容包括学习安全生产有关文件，安全管理制度、安全操作规程及安全技术知识；总结一周的安全生产情况，提出进一步搞好安全生产的对策及要求。　18. √　19. ×　正确答案：安全思想教育是安全教育的基础，目的是提高员工搞好安全生产工作的自觉性、责任心、积极性，培养员工的安全素质和安全意识。

20.√ 21.× 正确答案：根据日常安全检查中发现的问题，结合员工生产岗位实际，讲解不安全因素的产生和发展，避免事故的发生。 22.√ 23.× 正确答案：与作业环境有关的职业性危害因素，指不良气象条件、厂房狭小、车间位置不合理、照明不良以及与环境有关的环境因素。 24.√ 25.√ 26.× 正确答案：在有机械转动环境中工作的人员不许戴手套、系领带和围巾。 27.√ 28.× 正确答案：炼化装置存在易燃易爆介质，异常情况下发生泄漏，遇火源会发生火灾。 29.× 正确答案：炼油化工生产过程中，有氨气、氯气、二氧化硫等刺激气体，如果发生泄漏，且防护不当，容易造成中毒和窒息事故。 30.× 正确答案：识别出班组安全生产过程中的危害因素后，要进一步辨识可能发生的事故后果，对危害因素进行评价、控制，这一过程称之为风险管理。 31.× 正确答案：作业场所危害预防与控制的基本原则一般包括两个方面：工程控制和管理控制。 32.× 正确答案：危险预知活动是在班组活动中通过分析操作过程中的动作，发现各种危险因素，并总结出一套安全操作方法。 33.× 正确答案：事故防范是指在事故未发生前采取有效的措施，使其得以控制或将损失和危害减小到最低限度。 34.√ 35.√ 36.× 正确答案：班组长要带领班组成员进行调查研究，找出不安全因素，研究出解决办法。 37.√ 38.√ 39.√ 40.√ 41.√ 42.× 正确答案："岗位应急职责和应急任务"属于应急培训内容。 43.√ 44.√ 45.× 正确答案：班组安全文化源于安全生产管理。 46.√ 47.√ 48.√ 49.× 正确答案：对安全知识和三级安全教育的内容应及时进行更新和整理。 50.√ 51.√ 52.× 正确答案：班组安全文化建设的激励机制非常重要，可采用多种形式和方法。 53.√ 54.√ 55.× 正确答案：班组安全文化建设要不断创新载体和形式，形成安全的凝聚力、协调力、执行力和控制力。 56.× 正确答案："听从指挥，服从指令"属于安全文化核心中的安全意识内容。 57.√ 58.√ 59.√ 60.√

四、简答题

1.（1）火灾、爆炸、中毒事故多且后果严重；(0.3)

（2）事故常发生在正常生产活动中；(0.2)

（3）材质和加工缺陷以及腐蚀带来的风险；(0.3)

（4）事故集中和多发。(0.2)

2.（1）各种原材料、中间产品、成品的易燃易爆性；(0.3)

（2）高温操作；(0.2)

（3）高压运行；(0.2)

（4）其他因素，如操作不当、设备故障、泄漏等。(0.3)

3.（1）班组安全检查；(0.1)

（2）班组安全教育；(0.1)

（3）职业健康与劳动保护教育与实施；(0.2)

（4）危害因素辨识与风险控制；(0.2)

（5）事故防范；(0.1)

（6）应急处置；(0.1)

（7）安全文化建设。(0.2)

4. （1）组织员工学习、贯彻执行企业各项安全生产规章制度和安全操作规程，教育员工遵章守纪，制止违章行为；（0.2）

（2）负责落实有关规定，做好班组安全教育工作，搞好班组安全活动，保持生产作业现场整齐、清洁；（0.2）

（3）负责组织班组安全检查和岗位危害识别，发现不安全因素及时组织力量加以消除并上报；（0.1）

（4）搞好安全消防措施检查、设备维护工作，确保措施有效，设备完好；（0.1）

（5）督促班组成员合理使用劳动防护用品，教会班组成员正确使用各种防护装备、消防器材等；（0.1）

（6）督促、组织班组成员认真巡检、监盘，及时发现、上报突发事件，并按照预案采取相应的应急措施；（0.2）

（7）发生事故时，参加和协助事故调查、分析、落实防范措施。（0.1）

5. 班组安全检查是根据上级有关安全生产的方针、政策、法规、制度、通知和各种标准，运用系统安全工程的方法，（0.4）识别生产活动中存在的物的不安全状态、（0.1）人的不安全行为，（0.1）以及生产过程中潜在的职业危害的管理活动（0.1）。

安全检查是对生产系统中潜在的危险、有害因素进行调查，（0.1）对安全设施和措施的有效性进行核查，以达到安全生产的目的。（0.1）安全检查是安全控制系统的反馈环节，是班组安全管理的重要内容。（0.1）通过安全检查，可以在事故发生之前辨识出生产过程中的危险因素，（0.1）为分析、评价和控制危险、预防事故提供依据。（0.1）

6. （1）注重实效，防止走过场；（0.2）

（2）班中检查作为重点；（0.2）

（3）把检查督促与安全教育结合起来；（0.4）

（4）持之以恒、常抓不懈。（0.2）

7. （1）员工是否正确操作和使用工装、工具、设备、防护用具，无违反操作规程或野蛮操作等不安全行为；（0.2）

（2）员工是否有窜岗或其他违反劳动纪律现象；（0.1）

（3）生产厂所及周围环境是否存在不安全因素或状态，各类工装、工具、废品、废料等物品是否按要求分类整齐排放；（0.2）

（4）设备是否运行正常，不超温、超压、超负荷运转；（0.2）

（5）设备是否存在振动、异响、异味情况，是否存在跑、冒、滴、漏现象；（0.2）

（6）特种作业人员是否持证上岗。（0.1）

8. （1）三级安全教育，凡新入厂员工，必须经厂、车间、班组三级安全教育；（0.6）

（2）班组安全活动；（0.2）

（3）其他安全教育。（0.2）

9. （1）与生产过程有关的职业性危害因素（0.2）：与生产过程有关的原材料、工业毒物、粉尘、噪声、振动、高温、辐射、传染性因素等；（0.2，少一项扣0.02）

（2）与劳动过程有关的职业性危害因素（0.2）：劳动制度与劳动组织不合理均可造成对劳动者健康的损害，还有与劳动过程有关的劳动生理、劳动心理方面的因素；（0.1，

少一项扣 0.02）

（3）与作业环境有关的职业性危害因素（0.2）：指不良气象条件、厂房狭小、车间位置不合理、照明不良以及与环境有关的环境因素；（0.1，少一项扣 0.02）

10.（1）火灾；（2）爆炸；（3）中毒和窒息；（4）压力容器爆炸；（5）锅炉爆炸；（6）静电伤害；（7）触电；（8）雷电；（9）高低温危害；（10）职业病危害；（11）粉尘危害；（12）灼伤；（13）机械伤害；（14）噪声危害；（15）高空坠落；（16）起重伤害；（17）淹溺；（18）坍塌；（19）交通事故；（20）电离辐射；（21）环境污染；（22）操作失误；（23）列车脱轨；（24）人员饮食中毒；（25）人员饮食中毒；（26）承包商危害。

11.（1）设备故障、泄漏介质含硫高等工艺问题；（0.2）

（2）检修过程缺乏安全措施；（0.2）

（3）采样、检尺过程缺乏安全措施；（0.2）

（4）生产过程中违章操作；（0.1）

（5）救护他人时缺乏救护措施；（0.2）

（6）非操作人员意外中毒。（0.1）

12.（1）凡是可不动火的一律不准动火；（0.1）

（2）凡动火部位能拆下来的一定要拆下来移到安全地点动火；（0.15）

（3）确实无法拆移，必须在正常生产装置和罐区内动火的须做到：按要求办理动火作业许可证，（0.1）创建临时的动火安全区域（0.1）转移可燃物和易燃物，（0.1）采取隔离措施，（0.1）做好作业时间计划，避开危险时段；（0.1）

（4）一般情况下节假日、夜间及特殊时段作业，非生产必需，一律禁止动火；（0.15）

（5）遇有 6 级以上大风（含 6 级）不准动火。（0.1）

13.（1）班组应急处置是应对班组生产过程中出现的突发事件的紧急行动；（0.6）

（2）有效的班组应急处置可以避免重大事故的发生；（0.2）

（3）减少企业损失，保护员工生命安全。（0.2）

14.（1）常见危险化学品的危险性和应急措施；（0.2）

（2）岗位应急职责和应急任务；（0.1）

（3）灭火、紧急处置、救人、报警、疏散等应急行动要领及注意事项；（0.2）

（4）心肺复苏术；（0.1）

（5）个人防护用品的正确使用，空气呼吸器的正确佩戴，消防器材的正确使用等。（0.4）

15.（1）班组内团结协作相互尊重；（0.2）

（2）对违章作业及时制止；（0.2）

（3）相互帮助、共同学习业务；（0.2）

（4）树立自觉遵章守纪的风气，保证班组作业安全。（0.4）

16.（1）建设稳定可靠的安全物质文化；（0.2）

（2）建设切实可行的安全制度文化；（0.2）

（3）建设形式多样的安全观念文化；（0.2）

（4）建设规范有序的安全行为文化。（0.4）

17.（1）班组安全文化建设选配班组长是关键；(0.1)

（2）班组安全文化建设的方针目标明确、实际；(0.2)

（3）班组安全文化建设要有健全的激励机制；(0.1)

（4）班组安全文化建设要加强民主管理；(0.1)

（5）班组安全文化建设要把提升员工安全素质能力作为主要目标；(0.3)

（6）班组安全文化建设要侧重心理疏导；(0.1)

（7）班组安全文化建设要创新载体。(0.1)

18.（1）生产必须安全，安全方可生产；(0.4)

（2）听从指挥，服从指令；(0.2)

（3）遵章守纪，严格自律；(0.2)

（4）恪守规程，按章操作。(0.2)

19.（1）爱企业、爱他人、爱自己、爱家庭、爱社会；(0.3)

（2）相互关爱，尊重生命；(0.2)

（3）不伤害他人、不伤害自己、不被他人伤害；(0.3)

（4）安全第一，预防为主。(0.2)

20.（1）严格落实安全岗位责任制，杜绝"三违"行为发生；(0.1)

（2）积极开展班组安全活动、安全教育和安全讲话，掌握岗位技能，班组成员持证上岗；(0.2)

（3）严格执行安全规章制度、操作规程，按时填写设备巡检记录、交接班记录、安全活动记录；(0.2)

（4）实现生产全过程受控管理；(0.1)

（5）全员参与危害识别和风险评估，能及时发现和消除事故隐患；(0.2)

（6）班组有安全事故应急处理预案，并通过演练熟练过程，不断提高班组员工事故防范处理的能力。(0.2)

第五章　班组质量管理

一、单项选择题（每题4个选项，只有1个是正确的，将正确的选项号填入括号内）

1. 质量管理的发展，大致经历了三个阶段。其中第三阶段为（　　）。
   A. 质量检验阶段　　　　　　　　B. 统计质量控制阶段
   C. 全面质量管理阶段　　　　　　D. 质量升级替代阶段
2. 质量是企业竞争的（　　）。
   A. 核心要素　　　B. 发展动力　　　C. 综合能力　　　D. 根本要求
3. 质量管理的原则是要以（　　）为关注焦点。
   A. 领导　　　　　B. 全员　　　　　C. 过程　　　　　D. 顾客
4. 全面质量管理指一个组织以（　　）为中心，以全员参与为基础的管理方法。
   A. 产品　　　　　B. 服务　　　　　C. 质量　　　　　D. 顾客
5. 质量是一切竞争活动的（　　），优质的产品是企业赢得市场、保持竞争活力、立于不败之地的根本保证。
   A. 首选　　　　　B. 基础　　　　　C. 措施　　　　　D. 效益

二、多项选择题（每题有4个选项，至少有2个是正确的，将正确的选项号填入括号内）

1. 质量管理的原则包括（　　）。
   A. 以顾客为关注焦点　　　　　　B. 领导作用
   C. 全员参与　　　　　　　　　　D. 持续改进
2. 以下哪项属于实施全面质量管理的基本方法（　　）。
   A. PDCA 循环工作方法　　　　　 B. 质量统计技术应用
   C. 开展 QC 小组活动　　　　　　D. 工作循环分析
3. 下列选项属于班组长质量管理任务的是（　　）
   A. 宣传企业的经营政策和质量方针
   B. 做好班组安全技术知识教育
   C. 组织班组成员积极开展 QC 小组活动
   D. 开展班组评比和绩效考核活动

三、判断题（对的画"√"，错的画"×"）

（　　）1. 班组是产品质量的间接服从者，质量活动的直接参与者。
（　　）2. 提高质量的过程也是全面提高企业管理水平的过程，质量是企业生产经营活动的综合性成果。
（　　）3. ISO 9001 质量管理体系是现阶段各企业通行和普遍采用的质量管理方式，建立和实施 ISO 9001 质量管理体系可有效地增强企业在国际和国内市场的竞争力。

（　　）4. PDCA 循环作为生产管理的一种科学方法，适用于企业各个环节各个方面的生产管理。

（　　）5. 质量管理不单体现在产品上，也体现在工作过程中。

四、简答题

1. 简述质量管理的作用。

2. 简述班组长的质量工作职责。

3. 避免产品质量失控应该采取哪些措施？

4. 班组生产管理的特点是什么？

参考答案

一、单项选择题

1. C   2. A   3. D   4. C   5. B

二、多项选择题

1. ABCD   2. ABC   3. ACD

三、判断题

1. ×   正确答案：班组是产品质量的直接监控者，质量活动的直接参与者。   2. √   3. √
4. ×   正确答案：PDCA循环作为质量管理的一种科学方法，适用于企业各个环节各个方面的质量管理。   5. √

四、简答题

1.（1）质量是企业竞争的核心要素；（0.2）

（2）质量是企业生存的前提和发展的保证；（0.2）

（3）提高质量的过程也是全面提高企业管理水平的过程；（0.4）

（4）企业管理是企业文化的组成部分。（0.2）

2.（1）对班组质量工作全面负责，认真学习有关质量工作的方针政策及各项规章制度并在班组认真贯彻落实；（0.2）

（2）对生产产品的质量有直接的责任，领导班组严格执行各项质量管理制度，完成各项质量指标；（0.1）

（3）督促岗位人员进行相关培训，了解和掌握与岗位相关的质量管理职责；（0.1）

（4）严格现场质量管理，带领各个岗位熟练掌握本岗位的工艺标准、操作规程、产品质量标准和有关技术规定，严格执行工艺卡片，保证工序处于受控状态，保证产品质量。（0.2）

（5）做好质量控制点的各项工作，发现异常及时排除或反馈情况，并最终解决异常；（0.1）

（6）认真填报操作记录，对存在影响产品质量的隐患和问题，认真组织评价及整改，不能进行整改的问题，要及时向上一级或主管部门汇报；（0.2）

（7）学习和使用质量统计工具，通过运用质量统计技术工具分析结果，改进操作控制水平和产品质量。（0.1）

3.（1）建立完善的质量管理体系，包括质量控制流程和质量检测手段。（0.2）

（2）加强对原料质量的监控，确保原料质量的稳定性。（0.2）

（3）加强对生产工艺过程的控制和调整，确保生产工艺参数的稳定和合理性。（0.2）

（4）定期检查和维护生产设备，确保设备运行状态良好，避免设备故障对产品质量的影响。（0.2）

（5）建立健全的质量反馈机制，及时了解产品质量问题，采取纠正措施，避免类似问题的再次发生。(0.2)

4.（1）"繁"：炼化企业生产及产品形成是一个复杂的过程，其生产工艺的复杂性、生产装备的多样性、生产技术的先进性，决定了班组生产管理的繁复性。(0.25)

（2）"细"：生产过程和产品的形成受压力、温度、流量等诸多因素影响，一个因素的瞬间变化都会对产品质量带来影响和改变，进而导致质量或安全事故。这就要求班组生产操作规程的每一个步骤、每一个环节，都必须细化到每一个操作行为。(0.25)

（3）"精"：主要体现在技术装备的精良、生产过程控制的精致、操作行为的精准、管理手段的精细。(0.25)

（4）"严"：主要体现在班组生产组织的严密、规程制度的严细、管理要求的严格、个人行为的严谨。(0.25)

第六章　班组环境保护管理

一、单项选择题（每题4个选项，只有1个是正确的，将正确的选项号填入括号内）

1. 环境因素是指一个组织的活动、产品或服务中能与环境发生相互作用的（　　）。
   A. 要点　　　　　B. 元素　　　　　C. 要素　　　　　D. 原则
2. 危险废物堆放场所必须防渗，防渗层至少为（　　）m厚的黏土层或（　　）mm高密度聚乙烯。
   A. 1，2　　　　　B. 2，3　　　　　C. 5，2　　　　　D. 2，4
3. 班组长作为班组环境保护管理第一责任人，其主要作用包括：领导作用、组织作用、监督作用、（　　）、指挥作用。
   A. 落实作用　　　B. 宣教作用　　　C. 协调作用　　　D. 推动作用
4. 环境管理的主要原则和指导思想是：预防为主、防治结合、谁污染谁治理、（　　）、强化监督管理。
   A. 谁建设谁护理　B. 谁治理谁受益　C. 谁开发谁保护　D. 谁受理谁处置
5. 对岗位生产操作过程中的环境隐患及时识别，并实施隐患（　　）。
   A. 统治　　　　　B. 治理　　　　　C. 宣传　　　　　D. 保护
6. 班组环境因素识别应由班组长组织（　　）参与、全范围进行。
   A. 个人　　　　　B. 重点　　　　　C. 全员　　　　　D. 领导
7. 中华人民共和国生态环境部推出的清洁生产标准，将清洁生产标准分为（　　）级。
   A. 一　　　　　　B. 二　　　　　　C. 三　　　　　　D. 四
8. 突发环境事件分为（　　）管理。
   A. 三级　　　　　B. 四级　　　　　C. 五级　　　　　D. 六级
9. 环境污染事件应急预案应根据企业布局、系统失联、岗位工序、毒害物性质和特点等要素，结合环境与特定条件及环境因素（　　）结果制订。
   A. 识别评价　　　B. 计划结算　　　C. 标准规范　　　D. 关键要害
10. 班组工作环境相对（　　）、人际关系相对局限、生活规律相对差异，是班组工作环境的特点。
    A. 扩散　　　　　B. 集中　　　　　C. 封闭　　　　　D. 狭窄
11. （　　）是指人类为解决现实的或潜在的环境问题，协调人类与环境的关系，保障经济社会的持续发展而采取的各种行动的总称。
    A. 环境卫生　　　B. 自然环境　　　C. 人文治理　　　D. 环境保护
12. 随着科学技术的发展、基层环境保护技术的革新和进步首先需要在（　　）实践并运用。

A. 基层班组　　　B. 管理机关　　　C. 群众组织　　　D. 居民社区

13. 固体废物焚烧烟气处理时，采用活性炭吸附法主要是为了去除（　　）。
A. 烟尘　　　B. 二氧化硫　　　C. HCl　　　D. 二噁英

14. 高 VOCs 含量废水的判别标准是废水液面上方 100mm 处 VOCs 检测浓度超过（　　）ppm。
A. 100　　　B. 200　　　C. 300　　　D. 500

15. VOCs 就是（　　），是一类有机化合物的统称，常温下它们蒸发速率大，易挥发，参与大气光化学反应造成大气污染。
A. 挥发性有机物　　　B. 挥发性金属化合物
C. 有机气体　　　D. 无机气体

16. 环境因素评价是在环境因素识别的基础上，对环境因素实际或可能产生的环境影响逐一进行排查评价，确定（　　）环境因素。
A. 一般　　　B. 轻微　　　C. 重大　　　D. 较大

17. 清洁生产的内容包括清洁的能源、（　　）、清洁的产品、清洁的服务。
A. 清洁的原材料　　B. 清洁的资源　　C. 清洁的工艺　　D. 清洁的生产过程

18. （　　）应当增强环境保护意识，采取低碳、节俭的生活方式，自觉履行环境保护义务。
A. 公民　　　B. 人民　　　C. 企业　　　D. 政府

19. 格栅的作用主要是阻挡截留污水中的（　　）。
A. 小悬浮物　　　B. 漂浮物　　　C. 杂质　　　D. 泥砂

20. 新建装置（包括改建、扩建）的 LDAR 不可达密封点不应超过同类密封点的（　　）。
A. 1%　　　B. 2%　　　C. 3%　　　D. 5%

二、多项选择题（每题有 4 个选项，至少有 2 个是正确的，将正确的选项号填入括号内）

1. 环境污染事件应急管理包括：（　　）四个阶段。
A. 恢复　　　B. 预防　　　C. 预备　　　D. 响应

2. 生产过程中清洁生产评价指标可分为六大类：（　　）；废物回收利用指标；环境管理要求指标。六类指标既有定性指标也有定量指标。
A. 生产工艺与装置要求　　　B. 资源能源利用指标
C. 产品指标　　　D. 污染物产生指标

3. 炼化企业班组在生产操作过程中实施污染控制的"六定"管理原则：定点，（　　），定责。
A. 定岗　　　B. 定时　　　C. 定性　　　D. 定量

4. 炼化企业班组环境保护管理特点：（　　）、可控性。
A. 过程性　　　B. 源头性　　　C. 前沿性　　　D. 群众性

5. 关于闸阀在 LDAR 检测中通常应检测的部位，下面说法正确的是：（　　）
A. 阀杆与填料压盖之间密封

B. 填料压盖或压板与阀盖之间的密封
C. 两端法兰
D. 其他可能泄漏的部位

6. 炼化企业班组的环境管理主要是对（　　）的管理。
A. 生产过程　　　B. 环境卫生　　　C. 环境因素　　　D. 污染控制

7. VOCs物料的部位对于含（　　）的物料，其采样口应采用密闭采样或等效设施。
A. 挥发性有机物　　B. 恶臭物质　　　C. 有毒气体　　　D. 易燃易爆液体

8. 废气排放口类型分为（　　）。
A. 主要排放口　　　B. 一般排放口　　C. 其他排放情形　　D. 次要排放口

9. 污水处理的方法可归纳为（　　）。
A. 物理法
B. 化学法
C. 生物法
D. 物理法+化学法+生物法

10. 石油在水中一般以（　　）三种状态存在。
A. 浮油　　　B. 乳化油　　　C. 挥发油　　　D. 分散油

11. 水质监测需要采取水样，通常水样有以下几种类型（　　）。
A. 瞬时水样　　B. 混合水样　　C. 综合水样　　D. 勾兑水样

12. 环境监测水样采取量需满足（　　）。
A. 至少满足三次全项重复检验的需要　　B. 满足保留样品的需要
C. 满足制样预处理的需要　　　　　　　D. 满足采样容器容积需要

13. 气相色谱法的主要特点是（　　）。
A. 选择性好　　B. 分离效率高　　C. 灵敏度高　　D. 分析速度快

14. 土壤污染防治应当坚持预防为主、（　　）、公众参与的原则。
A. 保护优先　　B. 污染担责　　C. 分类管理　　D. 风险管控

15. 识别环境因素时必须考虑三种时态（　　），三种状态（正常、异常、紧急）。
A. 过去　　　B. 现在　　　C. 将来　　　D. 完成

三、判断题（对的画"√"，错的画"×"）

（　　）1. 环境管理的目的是协调社会经济发展与居民收入的关系，使人类具有一个良好的生活、劳动环境，使经济得到长期稳定。

（　　）2. 对环境的适应能力是人赖以生存的最基本条件，"适者生存"是生物进化的普遍规律。

（　　）3. 运转机泵、发动机、发电机、吹扫爆破等均产生噪声，其大部分噪声级达到35~50分贝，长时间在噪声环境下工作，会产生噪声危害。

（　　）4. 污染源与环境因素控制要明确环保管理等同于生产管理，在环保管理上逐渐树立"谁主管、谁负责，谁掌握资源谁负责"的观念。

（　　）5. 作为环境污染事件的专项应急预案，班组需制定工艺操作卡。

（　　）6. 突发环境事件分为重大环境事件（Ⅰ级）、较大环境事件（Ⅱ级）和一般环境事件（Ⅲ级）三级。

（　　）7. 班组长要领导班组成员实现班组环境保护，对班组环境保护部分负责。

(   ) 8. 人文环境建设,是指在班组建立一个互助友爱、和谐共进的人文管理硬环境。

(   ) 9. 严格按照生产受控操作进行生产,不发生跑、冒、滴、漏是抓好环境保护的关键。

(   ) 10. 炼化企业班组的环境管理主要是对生产过程和对污染控制的管理,班组是污染预防、污染治理、强化监督管理的主体。

(   ) 11. 当废水中所含有机物比较充足时,微生物通过氧化部分有机物而获得生命活动的能量。

(   ) 12. VOCs 物料是指 VOCs 质量分数不小于 10%的物料,主要包括有机气体、挥发性有机液体和重液体。产生大气污染物的生产工艺和装置需设立局部或整体气体收集系统和净化处理装置,达标排放。排气筒高度应按环境影响评价要求确定,且至少不低于 15m。

(   ) 13. 纳入碳排放权交易市场配额管理的温室气体重点排放单位应当披露碳排放相关信息:(1)年度碳实际排放量及上一年度实际排放量;(2)配额清缴情况;(3)依据温室气体排放核算与报告标准或技术规范,披露排放设施、核算方法等信息。

(   ) 14. 国家在重点生态功能区、生态环境敏感区和脆弱区等区域划定生态保护红线,实行严格保护。

(   ) 15. 未达到国家环境质量标准的重点区域、流域的有关地方人民政府,应当制定限期达标规划,并采取措施按期达标。

(   ) 16. 储存危险废物必须采取符合国家环境保护标准的防护措施,并不得超过两年。

(   ) 17. 集团公司环境统计的类型有定期调查、普查和专项调查。夜间频发噪声的最大声级超过限值的幅度不得超过 20dB。

(   ) 18. 系统误差产生的原因:方法误差、仪器误差、试剂误差、恒定的个人误差、环境误差。

(   ) 19. 环境敏感点的噪声监测点应设在受影响的居民户外 1m 处。若检测到密封设施不能密闭,在不关闭单元的情况下,在 15 日内维修不可能,可以延迟维修,但不应晚于最近一个检修期。

(   ) 20. 分析报告是对检测全过程的现象、条件、数据和事实的记载。

四、简答题

1. 企业的环境管理主要包括那几个方面内容?

2. 排污口的规范化管理范围是什么?

3. 班组在生产操作过程中实施污染控制的"六定"管理原则是什么？

4. 清洁生产指标的优化控制通常是通过无低费、中高费、高费方案的实施来实现的，岗位的清洁生产方案选择主要考虑哪几个方面的内容？

5. 环境污染事件应急预案编制的依据是什么？

第六章 班组环境保护管理

参考答案

一、单项选择题

1. C 2. A 3. C 4. C 5. B 6. C 7. C 8. B 9. A 10. C
11. D 12. C 13. D 14. B 15. A 16. C 17. D 18. A 19. B 20. C

二、多项选择题

1. ABCD 2. ABCD 3. ABCD 4. ABCD 5. AB 6. AD 7. ABD
8. ABC 9. ABCD 10. ABD 11. ABC 12. ABC 13. ABCD 14. ABCD
15. ABC

三、判断题

1. × 正确答案：环境管理的目的是协调社会经济发展与保护环境的关系，使人类具有一个良好的生活、劳动环境，使经济得到长期稳定的增长。 2. √ 3. × 正确答案：运转机泵、发动机、发电机、吹扫爆破等均产生噪声，其大部分噪声级达到85分贝，长时间在噪声环境下工作，会产生噪声危害。 4. √ 5. × 正确答案：作为环境污染事件的专项应急预案，班组需制定应急操作卡。 6. × 正确答案：突发环境事件分为特别重大环境事件（Ⅰ级）、重大环境事件（Ⅱ级）、较大环境事件（Ⅲ级）和一般环境事件（Ⅳ级）四级。 7. × 正确答案：班组长要领导班组成员实现班组环境保护，对班组环境保护负全责。 8. × 正确答案：人文环境建设，是指在班组建立一个互助友爱、和谐共进的人文管理软环境。 9. √ 10. √ 11. √ 12. √ 13. √ 14. √ 15. √ 16. × 正确答案：储存危险废物必须采取符合国家环境保护标准的防护措施，并不得超过一年。 17. × 正确答案：集团公司环境统计的类型有定期调查和普查和专项调查。夜间频发噪声的最大声级超过限值的幅度不得超过10dB。 18. × 正确答案：系统误差产生的原因：方法误差、仪器误差、试剂误差、操作误差。 19. × 正确答案：环境敏感点的噪声监测点应设在受影响的居民户外1m处。若检测到密封设施不能密闭，在不关闭单元的情况下，在15日内维修不可能，可以延迟维修，但不应晚于最近一个停工期。 20. × 正确答案：原始记录是对检测全过程的现象、条件、数据和事实的记载。

四、简答题

1. （1）是对建设项目的环境管理；(0.4)
   （2）是对生产过程和产品的环境管理；(0.4)
   （3）是对污染控制的管理。(0.2)

2. （1）污水排放口的规范化管理；(0.2)
   （2）废气排放口的规范化管理；(0.2)
   （3）固体废物储存、堆放场的规范化管理；(0.4)
   （4）固体噪声排放源的规范化管理。(0.2)

3. 定点、定时、定性、定量、定岗、定责。(1)

4. (1) 优化生产工艺、严格按工艺指标进行操作，降低原辅料及能源的消耗；(0.4)

(2) 加强设备的维护和保养，提高设备的完好率；(0.2)

(3) 完善岗位操作规程和管理制度，降低排污量；(0.2)

(4) 提高岗位员工的操作技能和水平。(0.2)

5. 环境污染事件应急预案应根据企业布局、系统关联、岗位工序、毒害物性质和特点等要素，结合环境与特定条件及环境因素识别评价结果制订。(1)

第七章 班组设备管理

一、单项选择题（每题4个选项，只有1个是正确的，将正确的选项号填入括号内）

1. 班组管理的设备基础资料包括（　　）。
   A. 制造工艺　　　B. 基础设计　　　C. 设备折旧　　　D. 运行记录

2. 班组按设备性质划分，因设备的设计、制造、修理质量不良和安装调试不当引起的事故，属于设备（　　）事故。
   A. 责任　　　　　B. 质量　　　　　C. 自然　　　　　D. 检修

3. 设备是物化了的科学技术，是现代科技的物质载体，设备管理具备很强的（　　）。
   A. 习惯性　　　　B. 功率性　　　　C. 技术性　　　　D. 信息性

4. 工业企业的设备是（　　）的主要组成部分。
   A. 固定资产　　　B. 无形资产　　　C. 不动产　　　　D. 长期资产

5. 安全阀的定期校验周期一般为（　　）。
   A. 半年　　　　　B. 一年　　　　　C. 1.5年　　　　 D. 2年

6. 装置开工率的计算公式为（　　）。
   A. （装置停工小时数/年计划开工小时数）×100%
   B. （产品产出小时数-停工小时数）/年计划开工小时数×100%
   C. （装置实际开工小时数/年计划开工小时数）×100%
   D. （年计划开工小时数/装置实际开工小时数）×100%

7. 调节阀是影响仪表自控率最重要的因素之一，所占比例最大。对于腐蚀性严重流体调节阀阀芯材质应选择（　　）。
   A. 1Cr18Ni9Ti　　B. 铸钢　　　　　C. 球墨铸铁　　　D. 可锻铸铁

8. "关键机组故障率"的计算公式是：（　　）。
   A. 关键机组故障率=（设备故障次数/设备总台数）×100%
   B. 关键机组故障率=（单机设备故障停机次数/单机设备开动时间）×100%
   C. 关键机组故障率=（设备故障停机时间/单机设备开动与停机时间总和）×100%
   D. 关键机组故障率=（单机设备故障停机时间/单机设备开动时间）×100%

9. 工作标准是生产高质量产品、提高生产（　　）、实现各项技术标准和管理标准的重要保证。
   A. 产量　　　　　B. 功率　　　　　C. 效率　　　　　D. 收率

10. 以下（　　）算一个静密封点。
    A. 一个阀门　　　　　　　　　　　B. 一个螺纹活结头
    C. 一对法兰　　　　　　　　　　　D. 一个螺纹弯头

11. 特种设备应建立健全技术档案，符合（　　）要求。
    A. 技术　　　　　B. 班组　　　　　C. 车间　　　　　D. 法规
12. 各岗位人员按照（　　），对所管辖装置区域内各部位动、静设备运转、生产操作情况进行全天候不间断巡回检查。
    A. 规定时间、目的、检查点　　　　B. 规定时间、路线、检查点
    C. 规定班次、路线、检查点　　　　D. 规定班次、目的、检查点
13. 厂（场）内机动车辆校验周期一般为（　　）。
    A. 半年　　　　　B. 一年　　　　　C. 1.5年　　　　D. 2年
14. 关键机组必须实行"机、电、仪、管、操"五位一体的特技维护，做到全员、全过程、（　　）管理。
    A. 全天候　　　　B. 全方位　　　　C. 全项目　　　　D. 全确认
15. 巡检人员按要求携带测振仪、测温仪、测爆仪等巡检工器具和（　　），并做好运行数据实时记录和巡检记录。
    A. 照明灯　　　　B. 传呼机　　　　C. 医疗包　　　　D. 安全防护用具
16. 从事特种设备监督检验的机构和检验检测人员，须取得相应的（　　）。
    A. 岗位证书　　　B. 检验资质　　　C. 检验资格　　　D. 工作证明
17. 车间负责制定各岗位的巡回检查点和巡回检查路线图，明确检查时间、（　　）和要求。
    A. 方式　　　　　B. 方法　　　　　C. 内容　　　　　D. 方向
18. 设备是指可供企业在生产中长期使用，并在反复使用中基本保持原有实物形态和（　　）的劳动资料和物质资料的总称。
    A. 动能　　　　　B. 功力　　　　　C. 耗能　　　　　D. 功能
19. 依据设备管理级别、工作量大小和难易程度，实行（　　）维护保养制。
    A. 二级　　　　　B. 三级　　　　　C. 四级　　　　　D. 五级
20. 使用标准抗拉强度下限不小于540MPa材料制造的球型储罐，投用（　　）后应当开罐检验，以后的检验周期根据检验机构检验报告确定。
    A. 半年　　　　　B. 一年　　　　　C. 一年半　　　　D. 两年
21. 设备运行包括设备的使用与（　　）。
    A. 维护　　　　　B. 管理　　　　　C. 监理　　　　　D. 更新
22. 设备故障诊断在应用上分为（　　）诊断技术和精密诊断技术两类。
    A. 简易　　　　　B. 复杂　　　　　C. 标准　　　　　D. 直观
23. 设备故障是指直接经济损失低于（　　），设备及其零部件完全或部分丧失原有功能，不能满足装置长周期运行生产需要，但未达到设备事故标准的状况。
    A. 100元　　　　B. 500元　　　　C. 1000元　　　　D. 1500元
24. 炼化装置关键设备，特别是高负荷的塔槽、反应釜、加热炉、经常开闭的阀门等进入到寿命周期的（　　）阶段，常会出现多发或集中发生的情况。
    A. 安全稳定　　　B. 安稳受控　　　C. 消除故障　　　D. 故障频发
25. 循环、集中等润滑方式的"三级过滤"，必须从领油大桶经（　　）设备后方可加入油箱。

A. 加热　　　　　B. 沉降　　　　　C. 滤油　　　　　D. 缓冲

26. 载人升降机检验周期为（　　）。
A. 三个月　　　　B. 半年　　　　　C. 一年　　　　　D. 两年

27. （　　）不属于润滑油常规分析项目。
A. 黏度　　　　　B. 酸值　　　　　C. 闪点　　　　　D. 干点

28. 锅炉、压力容器及工业管道大修后，需经（　　）验收合格后方可投产。
A. 设备管理部门　B. 人事管理部门　C. 安全管理部门　D. 技术管理部门

29. 从事特种设备监督检验的机构和检验检测人员，须取得相应的检验（　　）。
A. 证书　　　　　B. 资质　　　　　C. 报告　　　　　D. 批文

30. 所有巡检人员应按照"（　　）"的五字法和使用必要的数字巡检器具进行巡检。
A. 听、摸、看、闻、修　　　　　　B. 听、摸、查、看、闻
C. 听、看、查、摸、修　　　　　　D. 看、查、摸、听、擦

31. 巡检人员必须对所管辖装置区域内运行参数、设备情况、重点部位进行检查，（　　）要全面检查。
A. 重点部位　　　B. 免检部位　　　C. 连接部位　　　D. 运行部位

32. 设备分级管理是按照设备在生产装置中的重要程度，将设备划分为关键机组、主要设备和（　　），实施分级管理。
A. 特种设备　　　B. 一般设备　　　C. 通用设备　　　D. 专用设备

33. 润滑油常规分析项目有黏度、（　　）、闪点、水分、杂质等五项。
A. 馏程　　　　　B. 酸值　　　　　C. 凝点　　　　　D. 冰点

34. 通过技术培训，设备的操作人员对所使用的设备要做到"四懂""三会"，即：懂性能、（　　）、懂结构、懂用途；会操作、会保养、会排除故障。
A. 懂工艺　　　　B. 懂方法　　　　C. 懂原理　　　　D. 懂使用

35. 润滑工作的"五定"规定中不包括（　　）。
A. 定标　　　　　B. 定量　　　　　C. 定人　　　　　D. 定质

36. 设备发生故障，大多是由于工作条件、环境条件等方面的能量积累超过了它们所能承受的界限，所以这些工作条件和环境条件称为故障（　　）。
A. 阻力　　　　　B. 应力　　　　　C. 压力　　　　　D. 动力

37. 根据多年实践经验总结出"五勤"巡检方法中包括（　　）。
A. 勤想　　　　　B. 勤听　　　　　C. 勤防　　　　　D. 勤洗

38. 对待质量事故要做到"三不放过"，不包括下列哪项（　　）。
A. 事故原因不查清不放过
B. 主要事故责任人和职工未受到教育不放过
C. 补救和防范措施不落实不放过
D. 质量事故报告没有经过论证不放过

39. 油位太低，油中混有杂物会造成（　　）异常噪声，可采取按规定加油，更换新油并进行过滤来消除故障。
A. 减速器　　　　B. 风动机　　　　C. 电动机　　　　D. 轴承

40. 机器故障诊断的最后一个环节是（　　）。

75

A. 机械设备状态参数的监测　　　　　B. 确定故障类型和发生部位
C. 对确定的故障做防治处理和控制　　D. 进行信号处理，提取故障特征信息

41. 在机器工作参数发生变化时，测量它的振动特征，从而判断故障的原因和部位的方法是（　　）诊断法。
A. 综合比较　　　B. 振动特征变化　　　C. 模糊　　　D. 专家系统

42. 油浴润滑方式的（　　）过滤为领油大桶到岗位储油箱。
A. 一级　　　B. 二级　　　C. 三级　　　D. 四级

43. 设备故障按结果分类，分为（　　）。
A. 突发性故障和渐发性故障　　　B. 功能性故障和危险性故障
C. 安全性故障和危险性故障　　　D. 完全性故障和部分性故障

44. 油浴润滑方式油位应保持在视镜窗口的（　　）或标尺的规定刻度。
A. 1/2~2/3　　　B. 1/3~2/3　　　C. 2/3~3/4　　　D. 1/2~3/4

45. 新投运的压力管道，一般在投用满（　　）时进行首次全面检验，以后的检验周期根据检验机构检验报告确定。
A. 一年　　　B. 两年　　　C. 三年　　　D. 四年

46. 设备状态监测分为主观监测和（　　）监测两种。
A. 客观　　　B. 重点　　　C. 专业　　　D. 运行

47. 设备诊断基本技术不包括（　　）。
A. 检测技术　　　B. 信号处理技术　　　C. 逻辑判定技术　　　D. 预测技术

48. 设备在工作过程中，因某种原因丧失规定功能的现象称为故障。这里所说的规定功能是指（　　）。
A. 新设备的实际功能　　　B. 国家标准规定的功能
C. 产品技术文件中规定的功能　　　D. 用户认为应具备的功能

49. 对设备故障率影响最大的人为因素是（　　）。
A. 设计不良　　　B. 制造不精　　　C. 检验不严　　　D. 使用不当

50. 下列叙述中，正确的是（　　）。
A. 故障诊断的任务就是判断设备是否发生了故障
B. 状态检测就是故障诊断
C. 用间接特征参量进行故障诊断可在设备不做任何拆卸的情况下进行
D. 用直接特征参量进行故障诊断可判断故障的部位及原因

51. 加速度传感器的输出信号通过（　　）电路可转换为速度信号。
A. 叠加　　　B. 滤波　　　C. 微分　　　D. 积分

52. 对滚动轴承的磨损或损伤的诊断最好采用（　　）。
A. 振动总值法　　　B. 频谱分析法　　　C. 噪声测量法　　　D. 振动脉冲测量法

53. 测量旋转轴系的振动，普遍采用的是（　　）传感器。
A. 加速度　　　B. 速度　　　C. 位移　　　D. 相位

54. 下列测温仪表中，（　　）是非接触测温仪。
A. 辐射高温计　　　　　B. 液体膨胀式温度计
C. 电阻测温计　　　　　D. 热电偶式温度计

55. 热电偶的测温原理是根据（　　）。
A. 欧姆定律　　　　　　　　　　　B. 红外辐射原理
C. 电阻随温度变化而变化的特性　　D. 热电效应

56. 对机器进行裂纹检测，可采用（　　）。
A. 油液光谱分析法　　　　　　　　B. 油液铁谱分析法
C. 超声波探测法　　　　　　　　　D. 磁塞法

57. 红外热像仪可用于（　　）监测。
A. 振动　　　　B. 温度　　　　C. 噪声　　　　D. 磨损

58. 测量1000℃以上的高温，应选用（　　）式温度计。
A. 铜电阻　　　B. 热电偶　　　C. 半导体热敏电阻　　D. 辐射测温仪

59. 下列关于振动、噪声测量的叙述中，正确的是（　　）。
A. 压电式加速度计是非接触式测量仪器
B. 磁电式速度传感器工作时不需要电源
C. 在滚动轴承磨损和损伤的诊断中，最有效的方法是噪声检测法
D. 人耳的听觉仅与声压有关，与频率无关

60. 下列关于渐发性故障的叙述中，不正确的是（　　）。
A. 故障的发生是由设备的多种内在不利因素作用的结果
B. 故障一般发生在元件有效寿命的后期
C. 故障发生的概率和设备运转的时间有关
D. 设备损坏的程度随使用时间而变大

二、多项选择题（每题有4个选项，至少有2个是正确的，将正确的选项号填入括号内）

1. 岗位人员（操作人员、管理人员）对查出的生产安全问题应立即进行处理，及时联系相关单位，向车间汇报并做好（　　）。
A. 安全检查　　B. 对外宣传　　C. 管理规定　　D. 记录

2. 炼化企业设备一般分为：（　　）、储罐类、换热设备类、化工机械类、通用机械类、动力设备类、仪器/仪表类、机修设备类等。
A. 炉类　　　　B. 工具　　　　C. 塔类　　　　D. 反应设备类

3. 设备事故性质包括：（　　）。
A. 操作事故　　B. 责任事故　　C. 质量事故　　D. 自然事故

4. 炼油化工生产设备具有体系庞大，结构复杂，种类繁多，（　　）及专业性强等特点，设备异常情况也十分复杂，如震动、超温、显示不清、短路等。
A. 精　　　　　B. 尖　　　　　C. 大　　　　　D. 高

5. 炼化企业设备特点：（　　）。
A. 大型化　　　B. 高速化　　　C. 精密化　　　D. 系统化

6. 炼化企业班组设备管理特点：（　　）。
A. 随机性　　　B. 综合性　　　C. 全员性　　　D. 先进性

7. 按照设备在生产装置中的重要程度划分为：（　　）。

A. 主要设备　　　B. 一般设备　　　C. 特殊设备　　　D. 关键机组

8. 设备现场管理工作标准包括：（　　）、变电所（配电室）现场管理标准、仪表控制室现场管理标准、罐区现场管理标准六个部分。

　A. 装置现场管理标准　　　　　　B. 工艺设备现场管理标准
　C. 机泵房（区）现场管理标准　　D. 装置危险点管理标准

9. 关键机组应按"定人员、定设备、（　　）定路线、定参数"的原则进行监测，根据监测结果的分析提出建议指导检修，并将检修情况及时反馈存档。

　A. 定测点　　　B. 定仪器　　　C. 定周期　　　D. 定标准

10. 检查机械密封静环、动环及辅助密封圈，不能使用的要更换新件，所更换的新件在（　　）上必须符合规定，不能随意代替。

　A. 材质　　　B. 结构　　　C. 规格　　　D. 数量

11. 班组在日常生产过程中，应把计量器具的管理与巡回检查工作结合起来，在巡检点要检查所属区域的计量器具运行状态，包括运行工况有无异常、计量数据是否达到计量要求等，尤其在日常工作中要保持计量器具安装位置的环境卫生，防止（　　）等。

　A. 污染　　　B. 过期　　　C. 撞击　　　D. 丢失

12. 转动设备巡回检查内容。检查转动设备的本体情况：（　　）、冷却系统、振动、设备基础等。

　A. 轴承温度　　　　　　　　　B. 轴封、油封
　C. 出、入口管线法兰连接处　　D. 设备润滑

13. 巡检人员必须对所管辖装置区域内（　　）进行检查，重点部位要全面检查；遇有不正常天气（雪雨、大风、严寒、酷热）或生产变化（开停工，生产不正常）时应增加巡检次数，进行有针对性的特殊巡检，相关的状态及参数要及时记录在HSE巡检表上。

　A. 所有部位　　　B. 运行参数　　　C. 设备情况　　　D. 重点部位

14. 对压力容器和工业管道要经常检查（　　），发现异常时应立即报告，并做好记录。

　A. 保温　　　B. 保冷　　　C. 腐蚀　　　D. 泄漏情况

15. 故障分析的具体方法包括：故障频率和故障强度分析；（　　）。

　A. 故障部位分析　　　　　　B. 设备可利用率分析
　C. 故障原因分析　　　　　　D. 故障树分析法

16. 包机执行"十字"作业法：即（　　）、防腐。

　A. 清洁　　　B. 润滑　　　C. 紧固　　　D. 调整

17. 对装置区域内的施工作业情况进行巡检，杜绝因现场施工造成的（　　）等设备设施的损坏，区域内无杂草、无垃圾、无闲散器材、无废料，油漆保温规整美观、无脱落，照明充足、色标明显、色环、流向箭头、标识标牌齐全、清晰。

　A. 材料　　　B. 设备　　　C. 物资　　　D. 仪表
　E. 电气

18. 设备维护保养管理实行：（　　）。

　A. 日常维护保养　　B. 状态维护保养　　C. 特级维护保养　　D. 一般维护保养

19. 对自动注油的润滑点，要经常检查滤网、（　　），发现异常现象应立即处理，并

做好记录。

A. 油位　　　　　B. 油压　　　　　C. 油温　　　　　D. 油泵注油量

20. 润滑油常规分析项目有：（　　）。

A. 黏度　　　　　B. 酸值　　　　　C. 水分　　　　　D. 凝点

21. 设备事故分为：（　　）。

A. 特别重大事故　B. 重大事故　　　C. 较大事故　　　D. 一般事故

22. 备用转动设备切换投用时，应经过规定时间考核运行，并确认设备及原动机轴承（　　）等正常后，方可转入正常生产状态。

A. 润滑良好　　　B. 温升　　　　　C. 振动　　　　　D. 噪声

23. 对有联锁保护的机泵应由电仪维护单位配合生产车间定期对电仪系统进行（　　），保证机泵、电、仪系统随时处于良好备用状态。

A. 更新　　　　　B. 检查　　　　　C. 联调　　　　　D. 切换

24. 润滑管理是设备管理和维修工作中的一个重要组成部分，润滑的作用有（　　）。

A. 保证设备正常运转，防止因润滑不良而发生设备事故

B. 减少机件磨损，延长设备使用寿命

C. 改善摩擦条件，减少摩擦阻力

D. 增加设备运转动力

25. 在用润滑油品经目测检查，凡符合下列条件（　　）之一者，应更换新油。

A. 外观颜色明显　　　　　　　　　B. 乳化严重

C. 变干变硬　　　　　　　　　　　D. 有明显可见的固体颗粒

26. 按设备故障发生的原因，可分为（　　）。

A. 设备故有的薄弱性故障　　　　　B. 操作维护不良性故障

C. 磨损老化性故障　　　　　　　　D. 突发性故障

27. 油浴润滑方式的三级过滤为（　　）。

A. 从领油大桶到岗位储油箱　　　　B. 从岗位储油箱到油壶

C. 从油壶到加油部位　　　　　　　D. 从从领油大桶到油壶

28. 设备润滑工作的五定包括定点、（　　）。

A. 定人　　　　　B. 定质　　　　　C. 定量　　　　　D. 定期

29. 压力容器（　　）进行一次年度检查，新投运的压力容器一般在投用满（　　）时进行首次全面检验。

A. 每年　　　　　B. 两年　　　　　C. 三年　　　　　D. 四年

30. 锅炉执行（　　）一次外部检验，（　　）一次停炉内外部检验（电站锅炉可按照电厂大修周期进行适当调整）和（　　）一次水压试验。

A. 一年　　　　　B. 两年　　　　　C. 三年　　　　　D. 六年

31. 自然故障包括（　　）。

A. 因自身原因造成的故障

B. 设备正常工作磨损引起的故障

C. 因设计和制造不恰当使设备存在某些薄弱环节而引发的故障

D. 设备运行中意外情况造成的故障

32. 声音是描述故障的间接特征参量，在实际测量中可用（   ）加以描述。
   A. 噪声   B. 超声   C. 速度   D. 加速度
   E. 声发射

33. 下列各项诊断技术中，属于物理参数诊断技术的有（   ）。
   A. 压力诊断技术   B. 污染诊断技术
   C. 趋向诊断技术   D. 综合诊断技术

34. 在强度诊断技术中，状态监测参数有（   ）。
   A. 应变   B. 力   C. 扭矩   D. 应力

35. 描述振动的基本参数有（   ）。
   A. 振幅   B. 振动中心位置 C. 频率   D. 位移
   E. 相位

36. 常用的测振传感器有（   ）。
   A. 位移传感器   B. 加速度传感器
   C. 速度传感器   D. 频率传感器

37. 对关键机组要严格按照特护管理要求，做好机、（   ）五位一体特级护理的管理。
   A. 测   B. 电   C. 仪   D. 操

38. 可采用（   ）对机器零件内部裂纹进行探测。
   A. 声发射探测法 B. 磁粉检测法   C. 射线探测法   D. 超声波探测法

39. 对机器设备进行磨损检测，可采用（   ）。
   A. 声发射检测法   B. 油液光谱分析法
   C. 油液铁谱分析法   D. 磁塞检查法

40. 可采用（   ）对轴承损坏进行判断。
   A. 振动测量法   B. 温度测量法   C. 噪声测量法   D. 油液污染测量法

三、判断题（对的画"√"，错的画"×"）

（   ）1. 班组长组织班组人员严格执行设备定期切换与保养制度，对备用设备定时盘车，做到随时可以开动投用。对于本岗位封存、闲置设备应定期维护保养。

（   ）2. 设备管理要坚持实行"四个相结合"原则。

（   ）3. 设备管理要坚持以可靠性为中心和"依靠技术进步""促进生产发展""维修为主""质量第一"的方针。

（   ）4. 班组长组织班组成员做好设备维护保养，确保设备处于良好运行或完好备用状态。

（   ）5. 班组长组织班组成员对关键设备应建立标准运行参数库、状态监测、机组故障与维修、重要零部件参数档案等。

（   ）6. 设备管理指标分为4类：（1）设备性能维护和发挥类指标；（2）设备维护成本及生产损失类指标；（3）维修组织管理类指标；（4）综合评价类指标。

（   ）7. 仪表维护主要是控制好仪表"四率"，即：控制率、使用率、完好率、泄漏率。

（   ）8. 动静环密封面对轴线不平行度误差过大造成泵密封经常性泄漏。

第七章　班组设备管理

（　）9. 对关键机组要严格按照特护管理要求，做好"机、电、仪、操"四位一体特级护理的管理工作。

（　）10. 仪表完好率和因工艺原因停用的回路数有关。

（　）11. 设备润滑工作的"三级过滤"的滤网可以混用代用。

（　）12. 循环、集中等润滑方式的"三级过滤"必须从领油大桶经滤油设备后方可加入油箱，其他（如油系统中油虑芯过虑精度等）严格按设备润滑系统说明书进行。

（　）13. 新投运的压力管道，一般在投用满三年时进行首次全面检验，以后的检验周期根据检验机构检验报告确定。

（　）14. 安全阀的定期校验周期一般为一年，爆破片应根据实际使用情况适时更换一般不要超过一个生产周期。

（　）15. 备用设备的维护保养不必与在用设备同样实施"三检""包机"管理。

（　）16. 具有独立润滑系统的机（泵）组检修后，润滑系统应进行油循环，按检修规程要求合格后方可试车投用。

（　）17. 装置检修要坚持"三不交工""四不开车"。

（　）18. 对库存超过一个月未开封的油品，在使用前应进行分析化验。

（　）19. 因修理质量不高引起的故障，应由生产车间培训教育操作工人来解决。

（　）20. 因操作失误、维护不良等引起的故障，应由生产车间培训、教育操作工人来解决。

（　）21. 设备事故分为特别重大事故、重大事故、较大事故、一般事故四类，一般事故又分为A、B、C三级。

（　）22. 由于人为原因造成的事故，称为质量事故。

（　）23. 班组长组织班组人员严格贯彻执行设备操作、使用和维护规程，做到"四懂三会"。

（　）24. "三滤"即"三级过滤"，指从领油大桶到岗位储油桶，从岗位储油桶到油壶，从油壶到加油部位，各润滑用具标记清晰，专油专具，定期清洗，并按规定地点摆放整齐。

（　）25. 因设备的设计、制造、修理质量不良和安装调试不当引起的事故属于质量事故。

（　）26. 主观监测是利用各种简单工具或复杂仪器对设备的状态进行监测。

（　）27. 设备的点检，包括日常点检和定期点检。

（　）28. 关键机组必须实行"机、电、仪、管、操"五位一体的特级维护，做到全员、全过程、全方位管理。

（　）29. 起重机械定期检验周期为两年。

（　）30. 特种设备检验工作由取得相应资格的特种设备检验检测机构承担。

（　）31. 停用的特种设备应及时到厂内质量技术监督部门办理停用手续。

（　）32. 设备备用期间应保持状态完好，电气、仪表和联锁装置应保持完整、灵敏、可靠；对封存、闲置设备应定期做好维护保养和防冻凝工作。

（　）33. 操作人员发现设备有不正常情况，应立即检查原因，及时反映。

(　　) 34. 事故处理中应坚持"四不放过"的原则。

(　　) 35. 因各种自然灾害，如洪水、风灾、雷击、地震等造成的设备事故属于自然事故。

(　　) 36. 设备事故是指因设计、制造、安装、检修、维护操作不当等造成机械器具、动力设备、电力通信设施、仪器仪表、锅炉压力容器、管道及建（构）筑物损坏，且有人员伤亡的事故。

(　　) 37. 重复性故障采取修理、改装或改造的方法，提高故障部位的精度，改善整机的性能。

(　　) 38. 对于设计、制造、安装质量不高，选购不当，先天不足的设备，采取技术改造或更换元器件的方法。

(　　) 39. 故障处理是在故障分析的基础上，根据故障原因和性质提出对策，暂时地或较长时间地排除故障。

(　　) 40. 按功能丧失程度，可分为完全性故障和部分性故障。

(　　) 41. 各润滑器具应标记清晰，专具专用，保持清洁干净。

(　　) 42. 在用润滑油品做常规分析，由各基层单位机动设备管理部门参照相关标准判定，判定不合格的油品应更换新油。

(　　) 43. 油浴润滑方式油位应保持在视镜窗口的1/2~2/3或标尺的规定刻度。

(　　) 44. 备用转动设备不必定期切换。

(　　) 45. 特种设备安装完成后，必须在投用前或投用后45个工作日内，办理相应的使用登记手续。

(　　) 46. 设备诊断基本技术包括检测技术、信号处理技术、识别技术和预测技术。

(　　) 47. 精密诊断技术是应用简单的方法，对设备技术状态快速做出概括性评价的技术。

(　　) 48. 设备简易诊断技术在安装调试阶段用于状态监测，发现事故隐患，掌握设备的劣化趋势。

(　　) 49. 精密诊断技术是使用精密的仪器，在简易诊断的基础上对设备技术状态做出详细评价的技术。

(　　) 50. 简单诊断技术的特点之一是由具有一定经验的工程技术人员或专家在生产现场或诊断中心完成。

(　　) 51. 人工智能诊断专家系统和计算机辅助设备诊断系统等都属于精密诊断技术范畴。

(　　) 52. 压电式加速度计是基于压电晶体的压电效应工作的。

(　　) 53. 常用的温度的测量方式分为接触式测量和非接触式测量。

(　　) 54. 故障诊断过程中常用的四种简易诊断方法为，手摸、耳听、眼看、嗅觉。

(　　) 55. 液压试验法可以检查零件的内部缺陷。

(　　) 56. 对机械、设备不确定维修周期，而是通过不断地监控设备的运转状况和定量分析其状态资料进行的维修称为预防维修。

(　　) 57. 提取润滑油样分析钢制零件的磨损状态时，常用油样铁质颗粒测定法。

(　　) 58. 设备故障诊断的目的之一是在允许的条件下充分发掘设备潜力，延长使用寿命，降低设备寿命周期的费用。

( ) 59. X 射线属于无损检测方式。
( ) 60. 零件腐蚀速度最快的是化学腐蚀。

四、简答题

1. 请简述班组设备管理的基本内容。

2. 设备完好状态的技术指标是什么？

3. 请简要列出仪表四率的计算方法。

4. 设备现场管理工作标准包括哪些内容？

5. 什么是设备的分级管理？

6. 转动设备巡检的内容有哪些？

7. 什么情况下锅炉、压力容器及工业管道应当更新？

8. 什么是特种设备？

9. 请简述设备润滑的作用。

10. 设备润滑的基本要求是什么？

11. 选取设备润滑剂重点考虑哪些因素？

12. 设备故障分析的具体方法有哪些？

13. 按照设备事故性质的分类有哪些？

14. 请简述设备事故处理的"四不放过"原则。

15. 设备检修装置停工检修要做到"五交底"是什么？

16. 设备诊断技术的作用有哪些？

17. 什么是设备故障？什么是设备故障诊断技术？

18. 什么是突发性故障？什么是渐发性故障？

19. 炼化企业化工设备防火安全问题的有效策略有哪些？

20. 透平压缩机常见的联锁有哪些？

参考答案

一、单项选择题

1. D	2. B	3. C	4. A	5. B	6. C	7. A	8. D	9. C	10. C
11. D	12. B	13. B	14. B	15. D	16. B	17. C	18. D	19. B	20. B
21. A	22. A	23. C	24. D	25. C	26. C	27. D	28. A	29. B	30. B
31. A	32. B	33. B	34. C	35. A	36. B	37. B	38. D	39. A	40. C
41. B	42. A	43. C	44. B	45. C	46. A	47. C	48. C	49. D	50. C
51. D	52. D	53. C	54. A	55. D	56. C	57. B	58. B	59. B	60. A

二、多项选择题

1. AD	2. ACD	3. BCD	4. ABD	5. ABC	6. ABC	7. ABD	8. ABC
9. ABCD	10. AC	11. AC	12. ABCD	13. BCD	14. ABCD	15. ABC	
16. ABCD	17. BDE	18. ABC	19. ABCD	20. ABC	21. ABCD	22. ABCD	
23. BCD	24. ABC	25. ABC	26. ABC	27. ABC	28. ABC	29. AC	
30. ABD	31. ABC	32. ABE	33. ABCD	34. ABCD	35. ACE	36. ABC	
37. ABCD	38. ACD	39. BCD	40. ABCD				

三、判断题

1. √　2. ×　正确答案：设备管理要坚持实行"设计、制造与使用相结合""维护与计划检修相结合""修理、改造与更新相结合""专业管理与群众管理相结合""技术管理与经济管理相结合"的五个相结合原则。　3. ×　正确答案：设备管理要坚持以可靠性为中心和"依靠技术进步""促进生产发展""预防为主""质量第一"的方针。　4. √　5. √　6. √　7. √　8. ×　正确答案：动静环密封面对轴线不垂直度误差过大造成泵密封经常性泄漏。　9. ×　正确答案：对关键机组要严格按照特护管理要求，做好"机、电、仪、操、管"五位一体特级护理的管理。　10. ×　正确答案：仪表完好率仅和仪表总台数和实际完好台数有关。　11. ×　正确答案：设备润滑工作的"三级过滤"的滤网不可以混用代用。　12. √　13. √　14. √　15. ×　正确答案：备用设备的维护保养应与在用设备同样实施"三检""包机"管理。　16. √　17. √　18. ×　正确答案：对库存超过三个月未开封的油品，在使用前应进行分析化验。　19. ×　正确答案：因修理质量不高引起的故障，应通过加强维修人员的培训和考核等措施来解决。　20. √　21. √　22. ×　正确答案：由于人为原因造成的事故，称为责任事故。　23. √　24. √　25. √　26. ×　正确答案：客观监测是利用各种简单工具或复杂仪器对设备的状态进行监测。　27. √　28. √　29. √　30. ×　正确答案：特种设备检验工作由取得相应资质的特种设备检验检测机构承担。　31. ×　正确答案：停用的特种设备应及时到当地质量技术监督部门办理停用手续。　32. √　33. √　34. √　35. √　36. ×　正确答案：设备事故是指因设计、制造、安装、检修、维护操作不当等造成机械器具、动力设备、电力通信设施、仪器仪表、锅炉压力容器、管道及建（构）筑物损坏，但没有人员伤亡的事故。　37.√　38.√　39.√　40.√　41.√　42.×　正确答案：在用润滑油品做非常规分析，由各基层单位机动设备管理部门参照相关标准判定，判定不合格的油品应更换新油。　43.√　44.×　正确答案：备用转动设备应定期切换。　45.×　正确答案：特种设备安装完成后，必须在投用前或投用后30个工作日内，办理相应的使用登记手续。　46.√　47.×　正确答案：简单诊断技术是应用简单的方法，对设备技术状态快速做出概括性评价的技术。　48.×　正确答案：设备简易诊断技术在使用维护阶段用于状态监测，发现事故隐患，掌握设备的劣化趋势。　49.√　50.×　正确答案：精密诊断技术的特点之一是由具有一定经验的工程技术人员或专家在生产现场或诊断中心完成。　51.√　52.√　53.√　54.√　55.√　56.×　正确答案：对机械、设备不确定维修周期，而是通过不断地监控设备的运转状况和定量分析其状态资料进行的维修称为视情维修。　57.√　58.×　正确答案：设备故障诊断的目的之一是在允许的条件下充分发掘设备潜力，延长使用寿命，降低设备修理周期的费用。　59.√　60.×　正确答案：零件腐蚀速度最快的是电化学腐蚀。

四、简答题

1.（1）做好班组相关设备技能培训，提高员工操作水平；（0.2）

（2）参与设备操作规程、设备操作卡片及规范的修订，确保科学性、严密性和实用性；（0.2）

（3）全面贯彻执行设备操作规程，确保设备受控运行；（0.2）

（4）做好设备维护保养，确保设备处于良好运行或完好备用状态；（0.2）

（5）认真做好设备运行记录和设备维修相关记录，确保设备运行记录的完整。(0.2)

2.（1）设备性能完好；（0.4）

（2）运转正常；（0.2）

（3）消耗正常无泄漏存在。(0.4)

3.（1）仪表完好率=实际完好台数/仪表总台数×100%；（0.2）

（2）仪表使用率=投入使用回路数/（总回路数－因工艺原因停用回路数)×100%；（0.3）

（3）仪表控制率=投用控制回路数/（总控制回路数－因工艺原因停用回路数)×100%；（0.3）

（4）仪表泄漏率=泄漏点数/总密封点数×100% （0.2）

4.（1）装置现场管理标准；（0.2）

（2）工艺设备现场管理标准；（0.2）

（3）机泵房（区）现场管理标准；（0.2）

（4）变电所（配电室）现场管理标准；（0.2）

（5）仪表控制室现场管理标准；（0.2）

（6）罐区现场管理标准六个部分。0.2分）（写出5条即得满分）

5.（1）设备分级管理是按照设备在生产装置中的重要程度；（0.2）

（2）将设备划分关键机组；（0.2）

（3）主要设备；（0.2）

(4) 一般设备；(0.2)
(5) 实施分级管理。(0.2)

6. (1) 检查转动设备本体：轴承温度、轴封、油封；(0.2)
(2) 出、入口管线法兰连接处、设备润滑、冷却系统、振动、设备基础等；(0.4)
(3) 检查设备附件：压力表、安全联轴器护罩等；(0.2)
(4) 检查设备外围：卫生、保温、油漆等。(0.2)

7. (1) 因缺陷严重，没有修复价值或因强度和腐蚀等原因而不能保证安全使用的；(0.4)
(2) 因效率低、耗能高和经济效益差的，或经大修能恢复其原性能，但不如更新经济的；(0.4)
(3) 技术性能不能满足工艺要求和保证产品质量的。(0.2)

8. 特种设备是指涉及生命安全、危险性较大的锅炉、压力容器、压力管道、电梯、起重机械等。(写出关键词涉及生命安全、危险性较大得0.2；列出锅炉、压力容器、压力管道、电梯、起重机械其中的1项得0.1)

9. (1) 保证设备正常运转，防止因润滑不良而发生设备事故；(0.2)
(2) 减少机件磨损，延长设备使用寿命；(0.2)
(3) 改善摩擦条件，减少摩擦阻力，降低动能消耗，节约能源，降低维修费用；(0.4)
(4) 保持设备精度的稳定性，提高工作效率和加工精度。(0.2)

10. (1) 供油要均匀、连续；(0.2)
(2) 便于调节润滑油的量；(0.2)
(3) 适应设备操作条件的改变；(0.2)
(4) 便于维护、防止渗透漏及环境对油品的污染；(0.2)
(5) 减少人工操作，自动化水平高。(0.2)

11. (1) 设备工作范畴；(0.2)
(2) 设备工作温度；(0.2)
(3) 设备周边环境；(0.2)
(4) 运动构造；(0.2)
(5) 润滑系统构造。(0.2)

12. (1) 故障频率和故障强度分析；(0.2)
(2) 故障部位分析；(0.2)
(3) 故障原因分析；(0.2)
(4) 设备可利用率分析；(0.2)
(5) 故障树分析法。(0.2)

13. (1) 责任事故，由于人为原因造成的事故，称为责任事故；(0.2)
(2) 质量事故，因设备的设计\制造\修理质量不良和安装调试不当引起的事故属于质量事故；(0.4)
(3) 自然事故，因各种自然灾害，如洪水、风灾、雷击、地震等造成的设备事故属于自然事故。(0.4)

14. (1) 事故处理中应坚持"四不放过"的原则；(0.2)

(2) 即事故原因没有查清不放过；(0.2)

(3) 事故责任者没有严肃处理不放过；(0.2)

(4) 事故责任人和周围群众没有受到教育不放过；(0.2)

(5) 防范措施没有落实不放过。(0.2)。

15. (1) 施工任务交底；(0.2)

(2) 设计图纸交底；(0.2)

(3) 质量原则交底；(0.2)

(4) 施工安全办法交底；(0.2)

(5) 器材设备交底。(0.2)

16. (1) 可以监测设备状态，发现异常状况，防止突发故障和事故，建立维护标准，开展预知维修和改善性维修；(0.3)

(2) 较科学地确定设备维修内容；(0.2)

(3) 预测零件寿命，搞好备件储备和管理；(0.2)

(4) 根据故障诊断信息，评价设备先天质量，为改进设备的设计、制造、安装工作和提高换代产品的质量提供依据。(0.3)

17. (1) 设备故障是指设备在工作过程中，因某种原因丧失规定功能的现象；(0.4)

(2) 测取设备在运行中和相对静止条件下的状态信息，通过对所测信号的处理和分析，并结合设备的历史状况，定量识别设备及其零、部件的实时技术状态，并预知有关异常、故障和预测未来技术状态，从而确定必要对策的技术即为设备故障诊断技术。(0.6)

18. (1) 突发性故障是突然发生的，发生之前无明显可查征兆，具有较大破坏性。这种故障的发生是由于设备的多种内在不利因素及偶然性环境因素综合作用的结果。为避免突发性故障的发生，需要对设备的重要部位进行连续监测；(0.4)

(2) 渐发性故障是由于设备中某些零件的技术指标逐渐恶化，最终超出允许范围（或极限）而引发的故障。大部分的设备故障都属于这类故障；(0.2)

(3) 其特点是：故障发生的时间一般在元器件有效寿命的后期。故障有规律，可预防。故障发生的概率与设备运转的时间有关，设备使用的时间越长，发生故障的概率越大，损坏的程度也越大。(0.4)

19. (1) 加强防火安全意识，落实防火安全措施；(0.2)

(2) 对化工设备的压力等各项条件进行严格的控制；(0.2)

(3) 保证化工设备合理使用；(0.2)

(4) 妥善安放化工设备；(0.2)

(5) 提升化工设备操作人员的专业素质；(0.2)

20. (1) 透平轴位移偏离给定范围；(0.2)

(2) 压缩机轴位移偏离给定范围；(0.2)

(3) 透平背压高；(0.2)

(4) 调速油压力低；(0.2)

(5) 润滑油压力低；(0.2)

(6) 密封油气压差低；(0.2)

(7) 吸入罐液位高。(0.2)（写出 5 条即得满分）

第八章 班组现场管理

一、单项选择题（每题4个选项，只有1个是正确的，将正确的选项号填入括号内）

1. 现场是指企业用来从事（　　）的场所。
   A. 维修操作　　　B. 生产经营　　　C. 巡回检查　　　D. 日常维护
2. 下列哪项不属于现场（　　）。
   A. 厂区　　　　　B. 车间　　　　　C. 仓库　　　　　D. 休息室
3. 班组现场指（　　）从事基本或辅助生产的场所。
   A. 直接　　　　　B. 间接　　　　　C. 主动　　　　　D. 被动
4. 现场管理是生产第一线的（　　）管理。
   A. 综合　　　　　B. 分散　　　　　C. 集中　　　　　D. 动态
5. 现场管理是（　　）管理的重要内容，也是生产系统合理布置的深入和补充。
   A. 工艺　　　　　B. 设备　　　　　C. 生产　　　　　D. 安全
6. 现场管理是炼化企业管理的重要组成部分，是各项专业管理的（　　）。
   A. 前提　　　　　B. 执行　　　　　C. 概括　　　　　D. 基础
7. 各项专业管理的目标最终都落实在现场，并通过（　　）来实现。
   A. 现场管理　　　B. 设备管理　　　C. 工艺管理　　　D. 安全管理
8. 现场管理的现状直接反映（　　）水平的高低，体现内在实力的强弱。
   A. 工艺管理　　　B. 安全管理　　　C. 质量管理　　　D. 设备管理
9. 厂级管理是（　　）的决策性管理。
   A. 作业层　　　　B. 管理层　　　　C. 领导层　　　　D. 指挥层
10. 车间管理是（　　）的执行性管理。
    A. 作业层　　　　B. 管理层　　　　C. 领导层　　　　D. 指挥层
11. 班组管理是（　　）的现场管理。
    A. 作业层　　　　B. 管理层　　　　C. 领导层　　　　D. 指挥层
12. 生产现场管理是从属于（　　）系统的一个子系统。
    A. 设备管理　　　B. 质量管理　　　C. 安全管理　　　D. 企业管理
13. 炼化企业现场管理的核心是（　　）。
    A. 人　　　　　　B. 机械　　　　　C. 方法　　　　　D. 环境
14. 生产现场管理是一个（　　）系统。
    A. 闭环　　　　　B. 开放　　　　　C. 循环　　　　　D. 压缩
15. 现场区域划分物品摆放位置、危险处等要设有明显（　　）。
    A. 围栏　　　　　B. 标志　　　　　C. 物品　　　　　D. 警戒线
16. 炼化企业现场管理必须要严格执行（　　）。

A. 行为规范　　　B. 工艺卡片　　　C. 操作规程　　　D. 领导指示

17. 各生产环节之间的联络，要根据现场工作的实际需要，建立必要的（　　）传导装置。
A. 符号　　　　　B. 图形　　　　　C. 数字　　　　　D. 信息

18. 炼化企业现场的各种制度、各类信息的收集、传递和分析要（　　），做到规范、齐全。
A. 统一化　　　　B. 标准化　　　　C. 广泛化　　　　D. 独立化

19. 现场种种生产要素的组合，是在投入与产出的过程中实现的，优化现场管理是由低级到高级不断发展、不断提高的（　　）过程。
A. 动态　　　　　B. 循环　　　　　C. 稳态　　　　　D. 固定

20. 在一定的条件下现场生产要素的优化组织具有相对的（　　）。
A. 多样性　　　　B. 灵活性　　　　C. 稳定性　　　　D. 一致性

21. 实行（　　）使人流、物流、信息流畅通有序，现场环境整洁，文明生产。
A. 工艺管理　　　B. 设备管理　　　C. 安全管理　　　D. 定置管理

22. 加强（　　），使生产处于受控状态，保证产品质量。
A. 工艺管理　　　B. 设备管理　　　C. 安全管理　　　D. 定置管理

23. 建立和完善管理（　　），有效控制投入产出，提高现场管理的运行效能。
A. 技术台账　　　B. 安全体系　　　C. 运行细则　　　D. 保障体系

24. 班组长现场管理职责包括督促检查班组员工严格遵守（　　）。
A. 操作规程　　　B. 规章制度　　　C. 法律法规　　　D. 工作纪律

25. 现场管理基本方法中定置管理法是对（　　）的特定管理。
A. 人　　　　　　B. 物　　　　　　C. 方法　　　　　D. 环境

26. 现场管理基本方法中定置管理法是其他各项专业管理在（　　）的综合运用和补充。
A. 办公室　　　　B. 操作室　　　　C. 仪表间　　　　D. 生产现场

27. 现场管理基本方法中定置管理法是通过（　　），把生产过程中不需要的东西清除掉。
A. 清洁　　　　　B. 清扫　　　　　C. 整理　　　　　D. 整顿

28. 现场管理基本方法中定置管理法是通过（　　），促进人与物的有效结合。
A. 清洁　　　　　B. 清扫　　　　　C. 整理　　　　　D. 整顿

29. 现场管理基本方法中定置管理法是向时间要效益，从而实现生产（　　）规范化与科学化。
A. 现场管理　　　B. 设备管理　　　C. 质量管理　　　D. 安全管理

30. 现场管理基本方法中目视管理是利用形象直观、色彩适宜的各种视觉感知（　　）来组织现场生产活动。
A. 指令　　　　　B. 图片　　　　　C. 信息　　　　　D. 符号

31. 管理看板是管理（　　）的一种表现形式。
A. 图形化　　　　B. 可视化　　　　C. 数据化　　　　D. 符号化

32. 管理看板是发现问题、解决问题的非常有效、直观的手段，是优秀的（　　）必不可少的工具之一。

　　A. 质量管理　　　B. 设备管理　　　C. 现场管理　　　D. 安全管理

33. ABC管理法是根据事务各方面的主要特征，运用（　　）统计方法进行统计分析。

　　A. 分组　　　　　B. 数理　　　　　C. 指标　　　　　D. 模型

34. ABC管理法以某一具体事项为对象，进行（　　）分析，以该对象各个组成部分与总体的比重为依据，将各组成部分分为ABC三类。

　　A. 比例　　　　　B. 趋势　　　　　C. 结构　　　　　D. 数量

35. ABC管理法既是一种管理方法，也是一种（　　），对有效推进工作开展有重要意义。

　　A. 约束机制　　　B. 操作规程　　　C. 工作思路　　　D. 激励方法

36. 在生产现场管理中结合生产特点，采取（　　）的管理方法，收到了很好的效果。

　　A. "一图一表"　　B. "两图一表"　　C. "三图一表"　　D. "四图一表"

37. 在生产现场管理中结合生产特点，采取的"三图一表"管理方法，收到了很好的效果。其中"三图一表"中的一表指的是（　　）。

　　A. 工艺操作参数表　　　　　　　　B. 生产装置平面表
　　C. 生产工艺流程表　　　　　　　　D. 生产巡检线路表

38. 班组认真推行现场管理五项达标活动：制定员工规范，严格执行"四有一卡"工作法，突出人的行为规范化。其中"四有一卡"中的一卡指的是（　　）。

　　A. 操作卡　　　　B. 卡片化　　　　C. 涂卡式　　　　D. 图片化

39. 下列哪项不是现场管理"四无"的内容（　　）。

　　A. 无垃圾　　　　B. 无杂草　　　　C. 无废料　　　　D. 无油渍

40. 下列哪项不是现场管理"五不缺"的内容（　　）。

　　A. 保温伴热不缺　B. 螺栓手轮不缺　C. 门窗玻璃不缺　D. 灯泡灯罩不缺

41. 下列哪项不是现场管理"三见"的内容（　　）。

　　A. 沟见底　　　　B. 轴见光　　　　C. 墙见漆　　　　D. 设备见本色

42. 现场管理要学习运用好（　　）的经验及作法。

　　A. 管理　　　　　B. 成型　　　　　C. 研究　　　　　D. 开发

43. 班组必需踏踏实实地结合班组实际推行切实有效的作法，让员工在（　　）的规则中养成行为规范。

　　A. 有序　　　　　B. 束缚　　　　　C. 创新　　　　　D. 科学

44. "5S"是对生产现场各生产要素所处（　　），不断进行一系列现场管理活动。

　　A. 位置　　　　　B. 状态　　　　　C. 时间　　　　　D. 环境

45. 下列哪项不是现场管理"5S"中的内容（　　）。

　　A. 整理　　　　　B. 整顿　　　　　C. 清理　　　　　D. 清洁

46. "5S"活动起源于（　　）。

　　A. 中国　　　　　B. 美国　　　　　C. 英国　　　　　D. 日本

47. 整顿是将需要品按规范（　　）摆放整齐。

A. 统一　　　　　B. 定置　　　　　C. 有序　　　　　D. 整理

48. 清扫是将办公场所和现场的（　　）打扫干净。

A. 门窗玻璃　　　B. 机械设备　　　C. 工作环境　　　D. 螺栓手轮

49. 素养是使全体员工养成守标准、守规定的良好习惯，进而促进班组（　　）水平全面提升。

A. 管理　　　　　B. 操作　　　　　C. 业务　　　　　D. 生活

50. 班组"5S"精细管理标准主要分为（　　）个部分。

A. 六　　　　　　B. 七　　　　　　C. 八　　　　　　D. 九

51. 下列哪项不是开展"5S"管理的原则（　　）。

A. 自我约束的原则　　　　　　　B. 全员参与的原则
C. 勤俭节约的原则　　　　　　　D. 持之以恒的原则

52. 自我管理的原则是建立以原则为重心的（　　），进而达到有效的自我管理。

A. 管理体制　　　B. 工作态度　　　C. 自我约束　　　D. 操作机制

53. 勤俭节约的原则指弘扬艰苦奋斗的优良传统，在（　　）上下功夫，追求员工素质的全面提高，不做锦上添花的事。

A. 过程　　　　　B. 结果　　　　　C. 实效　　　　　D. 操作

54. 下列哪项不是整理的操作方法（　　）。

A. 对工作场所进行全盘点检　　　B. 对不需要的物品进行处置
C. 对需要的物品进行使用频度调查　D. 每周自我检查

55. 整理的操作重点包括（　　）是否放置在规定的位置，各种警示牌是否齐全。

A. 巡检路线　　　B. 操作规程　　　C. 装置平面图　　D. 装置流程图

56. 下列哪项不是整顿的操作方法（　　）。

A. 落实整顿工作　　　　　　　　B. 对需要的物品明确其放置场所
C. 储存场所要实行地面画线定位　D. 对场所、物品进行标记、标识

57. 现场清扫的操作方法包括对设备的清扫要同设备的点检和（　　）结合起来。

A. 润滑　　　　　B. 清洁　　　　　C. 保养　　　　　D. 维修

58. 清洁的操作方法包括高层主管重视、支持，带动全员重视（　　）活动。

A. "2S"　　　　　B. "3S"　　　　　C. "4S"　　　　　D. "5S"

59. 现场清洁的重点是清洁推广活动要（　　）并定期检查。

A. 长期化　　　　B. 普遍化　　　　C. 制度化　　　　D. 标准化

60. 员工素养的提升在于（　　），只有这样才能养成良好的习惯。

A. 节约时间　　　B. 注重环境　　　C. 讲究方法　　　D. 长期坚持

二、多项选择题（每题有4个选项，至少有2个是正确的，将正确的选项号填入括号内）

1. 强化现场管理是企业（　　），增强实力的必然要求和途径。

A. 筑基础　　　　B. 提质量　　　　C. 练内功　　　　D. 增效益

2. 现场是指企业用来从事生产经营的场所，如（　　）、办公地点以及营销场所等。

A. 厂区　　　　　B. 车间　　　　　C. 仓库　　　　　D. 运输线路

3. 现场管理是指用科学的管理（　　）使生产现场各生产要素处于良好的结合状态。
   A. 制度　　　　　B. 标准　　　　　C. 方法　　　　　D. 规程
4. 现场管理是指对生产现场各生产要素进行合理有效的（　　）使其处于良好的结合状态。
   A. 计划　　　　　B. 组织　　　　　C. 协调　　　　　D. 控制
5. 标准化管理的主要内容一般包括（　　）。
   A. 班组技术标准化　　　　　B. 班组管理活动标准化
   C. 班组工作标准化　　　　　D. 班组建设工作标准化
6. 生产现场管理是从属于企业管理系统的一个子系统，输入的是（　　）环、信等生产要素。
   A. 人　　　　　B. 机　　　　　C. 料　　　　　D. 法
7. 现场管理的核心是人，现场的一切生产活动、各项管理工作都由现场的人去（　　）。
   A. 掌握　　　　　B. 监督　　　　　C. 操作　　　　　D. 完成
8. 生产现场管理是一个开放系统，各类信息的收集、传递和分析、利用，要做到（　　）。
   A. 及时　　　　　B. 准确　　　　　C. 齐全　　　　　D. 实用
9. 实行"定置管理"，使（　　）畅通有序，现场环境整洁，文明生产。
   A. 人流　　　　　B. 物流　　　　　C. 交流　　　　　D. 信息流
10. 现场管理要搞好班组建设和民主管理，充分调动员工的（　　）。
    A. 乐观性　　　　　B. 趣味性　　　　　C. 积极性　　　　　D. 创造性
11. 现场管理的基本内容包括健全各项（　　）、劳动及消耗定额、统计台账等。
    A. 规章制度　　　B. 技术标准　　　C. 管理标准　　　D. 工作标准
12. 班组长现场管理职责包括做好设备管理工作，使所管辖设备（　　）。
    A. 完好　　　　　B. 整洁　　　　　C. 规范　　　　　D. 标志齐全
13. 班组长应抓好岗位培训，对班组员工进行（　　）等方面的培训，提高班组员工素质。
    A. 技能　　　　　B. 安全生产　　　C. 岗位职责　　　D. 工作标准
14. 班组长应组织带领班组员工搞好（　　）。
    A. 作业环境卫生　B. 本班组生产　　C. 制止习惯性违章　D. 保证安全生产
15. 定置管理法是企业在生产活动中，研究（　　）关系的一门学科。
    A. 人　　　　　B. 机　　　　　C. 物　　　　　D. 场所
16. 现场管理基本方法中，目视管理是一种以（　　）为特征的管理方式。
    A. 公开化　　　　B. 隐藏式　　　　C. 视觉显示　　　D. 头脑风暴
17. 现场管理基本方法中，目视管理是综合运用（　　）等多学科的研究成果。
    A. 管理学　　　　B. 生理学　　　　C. 心理学　　　　D. 社会学
18. （　　）等都属于现场管理中目视管理法的应用。
    A. 巡检　　　　　B. 巡检路线　　　C. 警示标识　　　D. 工艺流程图示
19. 现场管理看板是通过各种形式的（　　）把信息展示出来。

A. 口语　　　　　B. 标语　　　　　C. 图表　　　　　D. 电子屏

20. 现场管理基本方法中，ABC 管理法又称（　　　）。

A. ABC 管控法　　B. ABC 处理法　　C. ABC 分类法　　D. ABC 分析法

21. 现场管理基本方法中，ABC 管理法中 A 类是管理的（　　　），B 类是（　　　），C 类是（　　　）。

A. 重点　　　　　B. 次重点　　　　C. 一般　　　　　D. 轻微

22. 现场管理基本方法中，ABC 管理法是运用数理统计方法进行（　　　）的一种定量的管理方法。

A. 对比　　　　　B. 统计　　　　　C. 排列　　　　　D. 分析

23. 班组生产现场管理中的"三图一表"指（　　　）。

A. 班组生产装置平面图　　　　　B. 班组生产工艺流程图
C. 班组生产巡检线路图　　　　　D. 工艺操作参数表

24. 现场管理五项达标活动中，"四有一卡"指（　　　）和卡片化。

A. 有指令　　　　B. 有规程　　　　C. 有确认　　　　D. 有监控

25. 班组现场管理严格执行（　　　）、五不缺。

A. 一平　　　　　B. 二净　　　　　C. 三见　　　　　D. 四无

26. 班组现场管理的"二净"是指（　　　）。

A. 水池手盆净　　B. 门窗玻璃净　　C. 窗台暖气净　　D. 四周墙壁净

27. 班组现场管理的"三见"是指（　　　）。

A. 窗见明　　　　B. 沟见底　　　　C. 轴见光　　　　D. 设备见本色

28. 班组现场管理的"四无"是指（　　　）。

A. 无垃圾　　　　B. 无杂草　　　　C. 无废料　　　　D. 无闲散器材

29. 班组现场管理的"五不缺"是指（　　　）、地沟盖板不缺。

A. 保温油漆不缺　B. 螺栓手轮不缺　C. 门窗玻璃不缺　D. 灯泡灯罩不缺

30. "5S"管理中的"5S"指的是（　　　）、素养等五个方面的一系列现场管理活动。

A. 整理　　　　　B. 整顿　　　　　C. 清扫　　　　　D. 清洁

31. "5S"管理内容中，整理是将（　　　）中的物品、设备清楚地区分。

A. 办公场所　　　B. 私人场所　　　C. 公共场所　　　D. 工作现场

32. "5S"管理内容中，清扫是将办公场所和现场的工作环境打扫干净，使其保持在（　　　），并防止污染的发生。

A. 无垃圾　　　　B. 无灰尘　　　　C. 无脏污　　　　D. 干净整洁

33. "5S"管理内容中，清洁是将（　　　）的实施做法进行到底。

A. 整理　　　　　B. 整顿　　　　　C. 清洁　　　　　D. 清扫

34. 素养是以"人性"为出发点通过（　　　）等改善活动，培养上下一体的"5S"管理理念。

A. 整理　　　　　B. 整顿　　　　　C. 清洁　　　　　D. 清扫

35. 班组"5S"精细管理标准主要由（　　　）、操作间、工具箱、设备清扫、消防器材和其他部分组成。

A. 现场区域　　　B. 公共区域　　　C. 岗位员工　　　D. 仓库管理

36. 全员参与的原则包括管理层在内的公司各层面员工，都有责任（   ）参与到"5S"管理工作中来。
   A. 自愿　　　　　B. 积极　　　　　C. 主动　　　　　D. 全过程
37. 持之以恒的原则就是建立长效运行机制，实现"5S"管理（   ）。
   A. 常态化　　　　B. 通用化　　　　C. 程序化　　　　D. 制度化
38. 整顿的操作重点包括（   ）等存放是否整齐、有序。
   A. 工具　　　　　B. 器具　　　　　C. 办公用品　　　D. 文件资料
39. 清扫的操作重点包括必须按照决定（   ）等清扫的步骤实施，方能真正有效果。
   A. 清扫对象　　　B. 清扫人员　　　C. 清扫方法　　　D. 清扫器具
40. 素养的操作方法包括（   ）。
   A. 制订共同遵守的员工素养标准　　　B. 制订礼仪守则
   C. 教育训练　　　　　　　　　　　　D. 推动各种"5S"提升活动

三、判断题（对的画"√"，错的画"×"）

（　　）1. 现场管理是炼化企业管理的重要组成部分，是各项专业管理的基础，各项专业管理的目标最终都落实在现场，并通过现场管理来实现。

（　　）2. 现场管理的现状直接反映操作管理水平的高低，体现内在实力的强弱。

（　　）3. 企业现场是指企业用来从事生产经营的场所，如厂区、车间、仓库、运输线路、办公地点以及营销场所等。

（　　）4. 班组现场指直接从事基本或辅助生产的场所，是生产系统布置的具体体现。

（　　）5. 现场管理是指用科学的管理制度、标准和方法对生产现场各生产要素进行合理有效的计划、组织、协调、控制，使其处于良好的结合状态，达到优质、高效、低耗、均衡、安全、文明生产的目的。

（　　）6. 设备管理是生产第一线的综合管理，是生产管理的重要内容，也是生产系统合理布置的深入和补充。

（　　）7. 企业管理五要素包括：企业文化、战略规划、奖惩制度、改革与创新、学习培训。

（　　）8. 现场管理属于基层管理，是厂级管理的基础。

（　　）9. 现场管理水平高，可以使企业生产经营目标，以及各项计划、指令和各项专业管理要求，顺利地在基层得到贯彻和落实。

（　　）10. 生产现场管理是从属于厂级管理系统的一个子系统。

（　　）11. 生产现场管理输入的是人、机、料、法、环、信等生产要素，通过生产现场的转换过程，输出各种合格的产品、半成品等，同时反馈转换过程中的各种信息，以促进各方面工作的改善。

（　　）12. 现场管理的核心是设备，现场的一切生产、工作都由现场的设备去完成。

（　　）13. 优化现场管理仅靠少数专业管理人员是不够的，必须激发班组员工的积极性和创造性，发动广大员工共同参与管理。

（　　）14. 生产现场管理是一个密闭系统，在系统内部需要进行物质和信息的交换与信息反馈，以保证生产有序进行。

（　　）15. 现场管理必须要严格执行操作规程，遵守工艺纪律及各种行为规范。

（　　）16. 现场的各种制度、各类信息的收集、传递和分析要标准化，做到规范、齐全。

（　　）17. 各生产环节之间的联络，要根据现场工作的实际需要，建立必要的信息传导装置。

（　　）18. 现场种种生产要素的组合，是在投入与产出的过程中实现的，优化现场管理是由低级到高级不断发展、不断提高的动态过程。

（　　）19. 在一定的条件下，现场生产要素的优化组织具有相对的变化性，生产技术条件变化，有利于生产现场提高质量和效益。

（　　）20. 由于新工艺、新技术的采用，原有的生产要素组合和生产技术条件必须进行相应变革，现场管理应根据变化的情况对生产要素进行必要的调整和重新配置。

（　　）21. 实行"定向管理"，使人流、物流、信息流畅通有序，现场环境整洁，文明生产。

（　　）22. 现场管理基本内容包括加强工艺管理，优化工艺路线和工艺布局，提高工艺水平，严格按工艺要求组织生产，使生产处于受控状态，保证产品质量。

（　　）23. 现场管理以生产现场组织体系的合理化、高效化为目的，不断优化生产劳动组织，提高劳动效率。

（　　）24. 班组长应组织带领班组员工搞好本班组的生产，坚决制止习惯性违章，保证安全生产。

（　　）25. 班组长应积极应用现代化管理手段和方法，提高班组质量管理水平，提高工作效率。

（　　）26. 定置管理法是对人的特定的管理，是其他各项专业管理在生产现场的综合运用和补充。

（　　）27. 定置管理是通过整理，把生产过程中不需要的东西清除掉，不断改善生产现场条件，科学地利用场所，向空间要效益。

（　　）28. 定置管理是利用形象直观、色彩适宜的各种视觉感知信息来组织现场生产活动。

（　　）29. 目视管理是一种以公开化和视觉显示为特征的管理方式，综合运用管理学、生理学、心理学、社会学等多学科的研究成果。

（　　）30. 管理看板是管理图形化的一种表现形式。

（　　）31. 管理看板是发现问题、解决问题的非常有效、直观的手段，是优秀的现场管理必不可少的工具之一。

（　　）32. ABC 管理法是根据事物的经济、技术等方面的主要特征，运用数理统计方法，进行统计、排列和分析，抓住主要矛盾，分清重点与一般，有区别地采取管理方式的一种定量管理方法。

（　　）33. ABC 管理法将各组成部分分为 ABC 三类，A 类是管理的重点，B 类是一般，C 类是轻微。

（　　）34. "三图一表"即：班组生产装置平面图，班组生产工艺流程图，班组生产巡检线路图，工艺操作参数表。

（　）35. 四有一卡的内容是有指令、有操作、有确认、有监控、卡片化。
（　）36. 现场管理的三见指沟见底、轴见光、设备见本色。
（　）37. 现场管理的"四无"指无垃圾、无杂草、无废料、无闲散器材。
（　）38. 现场管理的"五不缺"指保温伴热不缺、螺栓手轮不缺、门窗玻璃不缺、灯泡灯罩不缺、地沟盖板不缺。
（　）39. 现场管理要学习运用好成型的经验及作法。
（　）40. 五项达标活动是长期总结出来的好做法，班组必须踏踏实实地结合班组实际推行这种切实有效的做法。
（　）41. "5S"是对生产现场各生产要素所处状态，不断进行整理、整顿、清扫、清洁和素养等五个方面的一系列现场管理活动。
（　）42. "5S"管理中整顿的重点包括当需要取用物品时，是否能准确拿到并且不会拿错。
（　）43. "5S"主张以严谨的工作态度和整洁的工作环境，实现减少浪费、提高生产效率和提高优质品率的管理目标。
（　）44. "5S"管理的内容包括：整理、整顿、清扫、清洁和教养五个方面。
（　）45. 整理是将办公场所和工作现场中的物品、设备清楚地区分为需要品和不需要品，对需要品进行妥善保管，对不需要品进行处理或处置。
（　）46. 整顿是将不需要品按规范定置摆放整齐，并对其做标识，使寻找需要品的时间减少为最短。
（　）47. 清扫是将办公场所和现场的工作环境打扫干净，使其保持在无垃圾、无灰尘、无脏污、干净整洁的状态，并防止污染的发生。
（　）48. 清洁是将整理、整顿、清扫的实施做法初步实施，且维持其成果，并对其实施做法予以标准化、制度化。
（　）49. 素养是以"人性"为出发点，通过整理、整顿、清扫等改善活动，培养上下一体的"5S"管理理念。
（　）50. 班组"5S"精细管理标准主要分为八个部分，即现场区域、公共区域、岗位员工、仓库管理、操作间、工具箱、消防器材和其他部分。
（　）51. "5S"管理的原则包括自我管理原则、全员参与原则、勤俭节约原则、持之以恒原则。
（　）52. 自我管理的原则是以建立个人主义为重心的工作态度，进而达到有效的自我控制。
（　）53. 全员参与的原则指包括管理层在内的公司各层面员工，都有责任积极、主动、全过程参与到"5S"管理工作中来。
（　）54. 勤俭节约的原则是指弘扬艰苦奋斗的优良传统，在实效上下工夫，追求管理人员素质的全面提高，不做锦上添花的事。
（　）55. 持之以恒的原则是指"5S"管理只有起点而没有终点，建立长效运行机制，实现"5S"管理常态化、制度化。
（　）56. 整理的操作方法包括对设备制定"需要"与"不需要"的标准。
（　）57. 整理的重点包括设备、工具是否进行了点检准备、作业是否规范、有无违章作业。

（　　）58. 清扫的操作方法包括自己使用的物品如设备、工具等，要自己清扫而不要依赖他人。

（　　）59. 清洁的操作重点包括清洁推广活动要制度化并不定期检查。

（　　）60. 素养的提升在于长期坚持，只有长期坚持才能养成良好的习惯。

四、简答题

1. 什么是现场？

2. 什么是班组现场？

3. 现场管理有哪些特点？

4. 现场管理的目的是什么？

5. 生产现场管理系统主要输入哪些生产要素？

6. 现场管理有哪些基本内容？

7. 班组长应如何与员工相处？

8. 现场管理基本方法中的定置管理法指的是什么？

9. 现场管理基本方法中的目视管理法指的是什么？

10. 现场管理基本方法中的看板管理法指的是什么？

11. 现场管理基本方法中的ABC管理法指的是什么？

12. 现场管理基本方法中的ABC管理法将各组成部分分成几类？各是什么？

13. 在生产现场管理中采取的"三图一表"指什么？

14. 员工规范中的"四有一卡"指什么？

15. 现场管理"五不缺"指什么？

16. "5S"管理的内容包括有哪些？

17. 班组"5S"精细管理标准主要分几个部分？各是什么？

18. 开展"5S"管理的原则有哪些？

19. 整理的操作方法有哪些？

20. 整顿的操作方法有哪些？

参考答案

一、单项选择题

1. B	2. D	3. A	4. A	5. C	6. D	7. A	8. A	9. C	10. B
11. A	12. D	13. A	14. B	15. B	16. C	17. D	18. B	19. A	20. C
21. D	22. A	23. D	24. B	25. D	26. D	27. C	28. D	29. A	30. C
31. B	32. C	33. B	34. D	35. C	36. C	37. A	38. B	39. D	40. A
41. C	42. B	43. D	44. B	45. C	46. D	47. B	48. C	49. A	50. D
51. A	52. B	53. C	54. D	55. B	56. A	57. C	58. D	59. C	60. D

二、多项选择题

1. AC	2. ABCD	3. ABC	4. ABCD	5. ABC	6. ABCD	7. ACD	8. ABC
9. ABD	10. CD	11. ABCD	12. ABCD	13. ABCD	14. BCD	15. ACD
16. AC	17. ABCD	18. ABCD	19. BCD	20. CD	21. ABC	22. BCD
23. ABCD	24. ABCD	25. ABCD	26. BD	27. BCD	28. ABCD	29. ABCD
30. ABCD	31. AD	32. ABCD	33. ABD	34. ABD	35. ABCD	36. BCD
37. AD	38. ACD	39. ABCD	40. ABCD

三、判断题

1. √ 2. × 正确答案：现场管理的现状直接反映企业管理水平的高低，体现内在实力的强弱。 3. √ 4. √ 5. √ 6. × 正确答案：现场管理是生产第一线的综合管理，是生产管理的重要内容，也是生产系统合理布置的深入和补充。 7. √ 8. × 正确答案：现场管理属于基层管理，是企业管理的基础。 9. √ 10. × 正确答案：生产现场管理是从属于企业管理系统的一个子系统。 11. √ 12. × 正确答案：现场管理的核心是人，现场的一切生产活动、各项管理工作都由现场的人去掌握、操作、完成。 13. √ 14. × 正确答案：生产现场管理是一个开放系统，在系统内部以及外部环境之间，需要进行物质和信息的交换与信息反馈，以保证生产有序进行。 15. √ 16. √ 17. √ 18. √ 19. × 正确答案：在一定的条件下，现场生产要素的优化组织具有相对的稳定性，生产技术条件稳定，有利于生产现场提高质量和效益。 20. √ 21. × 正确答案：实行"定置管理"，使人流、物流、信息流畅通有序，现场环境整洁，文明生产。 22. √ 23. √ 24. × 25. √ 26. × 正确答案：定置管理法是对物的特定的管理，是其他各项专业管理在生产现场的综合运用和补充。 27. √ 28. × 正确答案：目视管理是利用形象直观、色彩适宜的各种视觉感知信息来组织现场生产活动。 29. √ 30. × 正确答案：管理看板是管理可视化的一种表现形式。 31. √ 32. √ 33. × 正确答案：ABC管理法将各组成部分分为ABC三类，A类是管理的重点，B类是次重点，C类是一般。 34. √ 35. × 正确答案：四有一卡的内容是有指令、有规程、有确认、有监控、卡片化。 36. √ 37. √

第八章　班组现场管理

38. ×　正确答案：现场管理的"五不缺"指保温油漆不缺、螺栓手轮不缺、门窗玻璃不缺、灯泡灯罩不缺、地沟盖板不缺。　39. √　40. √　41. √　42. ×　正确答案："5S"管理中整顿的重点包括当需要取用物品时，是否能迅速拿到并且不会拿错。　43. √　44. ×　正确答案"5S"管理的内容包括：整理、整顿、清扫、清洁和素养五个方面。　45. √　46. ×　正确答案：整顿是将需要品按规范定置摆放整齐，并对其做标识，使寻找需要品的时间减少为最短。　47. √　48. ×　正确答案：清洁是将整理、整顿、清扫的实施做法进行到底，且维持其成果，并对其实施做法予以标准化、制度化。　49. √　50. ×　正确答案：班组"5S"精细管理标准主要分为九个部分，即现场区域、公共区域、岗位员工、仓库管理、操作间、工具箱、设备清扫、消防器材和其他部分。　51. √　52. ×　正确答案：自我管理的原则是以建立目标原则为重心的工作态度，进而达到有效的自我管理。　53. √　54. ×　正确答案：勤俭节约的原则是指弘扬艰苦奋斗的优良传统，在实效上下工夫，追求员工素质的全面提高，不做锦上添花的事。　55. √　56. ×　正确答案：整理的操作方法包括对物品制定"需要"与"不需要"的标准。　57. √　58. √　59. ×　正确答案：清洁的操作重点包括清洁推广活动要制度化并定期检查。　60. √

四、简答题

1. （1）现场是指企业用来从事生产经营的场所；（0.4）

（2）如厂区、车间、仓库、运输线路、办公地点以及营销场所等。（0.6）。

2. 班组现场指直接从事基本或辅助生产的场所；（0.6）是生产系统布置的具体体现。（0.4）

3. （1）基础性；（0.2）

（2）系统性；（0.2）

（3）全员性；（0.2）

（4）开放性；（0.2）

（5）规范性；（0.1分）

（6）动态性。（0.1分）

4. 现场管理最终要使生产现场各生产要素达到优质（0.2）、高效（0.2分）、低耗（0.2）、均衡（0.2）、安全（0.1）、文明生产（0.1）的目的。

5. 输入的是人（0.2）、机（0.2）、料（0.2）、法（0.2）、环（0.1）、信（0.1）等生产要素。

6. （1）实行"定置管理"；（0.1）

（2）加强工艺管理；（0.1）

（3）优化生产劳动组织，提高劳动效率；（0.2）

（4）健全各项制度标准；（0.2）

（5）建立和完善管理保障体系；（0.2）

（6）搞好班组建设和民主管理。（0.2）

7. （1）班组长应与班组员工融洽相处；（0.2）

（2）关心员工工作和生活；（0.2）

（3）及时掌握班组成员的思想动态和工作、生活中的困难；（0.2）

（4）保证员工的思想稳定；（0.2）
　　（5）提高员工的工作热情。（0.2）
8. （1）定置管理法是对物的特定的管理；（0.2）
　　（2）是其他各项专业管理在生产现场的综合运用和补充；（0.4）
　　（3）是企业在生产活动中，研究人、物、场所三者关系的一门科学。（0.4）
9. （1）目视管理是利用形象直观、色彩适宜的各种视觉感知信息来组织现场生产活动；（0.6）
　　（2）达到提高劳动生产率的一种管理手段；（0.2）
　　（3）也是一种利用视觉来进行管理的科学方法。（0.2）
10. （1）管理看板是管理可视化的一种表现形式；（0.2）
　　（2）即对数据、情报等的状况一目了然地表现；（0.4）
　　（3）主要是对管理项目、特别是情报进行的透明化管理活动。（0.4）
11. （1）ABC 管理法是根据事物的经济、技术等方面的主要特征；（0.4）
　　（2）运用数理统计方法，进行统计、排列和分析；（0.2）
　　（3）抓住主要矛盾，分清重点与一般；（0.2）
　　（4）有区别地采取管理方式的一种定量管理方法。（0.2）
12. （1）将各组成部分分为 ABC 三类；（0.4）
　　（2）A 类是管理的重点；（0.2）
　　（3）B 类是次重点；（0.2）
　　（4）C 类是一般。（0.2）
13. （1）班组生产装置平面图；（0.2）
　　（2）班组生产工艺流程图；（0.2）
　　（3）班组生产巡检线路图；（0.2）
　　（4）工艺操作参数表。（0.4）
14. "四有一卡"指有指令（0.2）、有规程（0.2）、有确认（0.2）、有监控（0.2）、卡片化（0.2）。
15. "五不缺"指保温油漆不缺（0.2）、螺栓手轮不缺（0.2）、门窗玻璃不缺（0.2）、灯泡灯罩不缺（0.2）、地沟盖板不缺（0.2）。
16. "5S"管理的内容包括：整理（0.2）、整顿（0.2）、清扫（0.2）、清洁（0.2）、素养（0.2）五个方面。
17. （1）班组"5S"精细管理标准主要分为九个部分（0.1）。
　　（2）即现场区域（0.1）、公共区域（0.1）、岗位员工（0.1）、仓库管理（0.1）、操作间（0.1）、工具箱（0.1）、设备清扫（0.1）、消防器材（0.1）和其他部分（0.1）。
18. （1）开展"5S"管理的原则有自我管理的原则；（0.4）
　　（2）全员参与的原则；（0.2）
　　（3）勤俭节约的原则；（0.2）
　　（4）持之以恒的原则。（0.2）
19. （1）对工作场所进行全盘点检；（0.2）
　　（2）对物品制定"需要"与"不需要"的标准；（0.2）

（3）对不需要的物品进行处置；(0.2)

（4）对需要的物品进行使用频度调查；(0.2)

（5）每日自我检查。(0.2)

20. （1）落实整理工作；(0.2)

（2）对需要的物品明确其放置场所；(0.2)

（3）储存场所要实行地面画线定位；(0.2)

（4）对场所、物品进行标记、标识；(0.2)

（5）制订废弃物处理办法。(0.2)

第九章 班组经济核算管理

一、单项选择题（每题4个选项，只有1个是正确的，将正确的选项号填入括号内）

1. 在企业中，经济核算是判定（　　）的依据。
   A. 生产效益　　　B. 加工成本　　　C. 管理效果　　　D. 动力消耗
2. 班组经济核算是以（　　）为单位。
   A. 岗位　　　　　B. 车间　　　　　C. 班组　　　　　D. 工段
3. 班组经济核算是企业最（　　）的核算单位。
   A. 原始　　　　　B. 真实　　　　　C. 基层　　　　　D. 根本
4. 企业管理的源头在班组，企业（　　）的源头也在班组。
   A. 效益　　　　　B. 成本　　　　　C. 业绩　　　　　D. 形象
5. 原材料、辅助材料、燃料等在产品总（　　）中所占比重大。
   A. 效益　　　　　B. 成本　　　　　C. 考核　　　　　D. 消耗
6. 确定班组经济核算指标要（　　）。
   A. 切合实际　　　B. 简便易懂　　　C. 效果明显　　　D. 消耗最少
7. 班组经济核算应设立（　　）的核算人员。
   A. 专职　　　　　B. 兼职　　　　　C. 临时　　　　　D. 年轻
8. 班组经济核算选择的指标应该能够反映班组（　　）的基本情况。
   A. 生产成本　　　B. 经济效益　　　C. 生产活动　　　D. 管理水平
9. 班组经济核算主要是对（　　）的核算。
   A. 经济效益　　　B. 成本占比　　　C. 经济指标　　　D. 管理水平
10. 经济核算是以获得最佳（　　）为目标。
    A. 经济效益　　　B. 产品质量　　　C. 操作条件　　　D. 利益
11. 班组产量是指班组生产的产品量，通常以（　　）量来计算。
    A. 成品　　　　　B. 半成品　　　　C. 实物　　　　　D. 消耗
12. 经济核算是一种班组管理的（　　）。
    A. 方法　　　　　B. 措施　　　　　C. 工具　　　　　D. 方式
13. 班组经济核算指标与工艺、生产、（　　）等专业管理密切相关。
    A. 质量　　　　　B. 设备　　　　　C. 物耗　　　　　D. 安全
14. 所谓过程成本控制，就是在实施（　　）过程中，对生产过程中的可控成本进行监督和控制的一种成本控制手段。
    A. 质量管理　　　B. 成本管理　　　C. 收率管理　　　D. 消耗管理
15. 班组经济核算属于企业内部的（　　）核算。
    A. 效益　　　　　B. 成本　　　　　C. 模拟　　　　　D. 最终

16. 班组经济考核是细化（　　）的有效途径。
   A. 成本管理　　　　B. 绩效管理　　　　C. 安全管理　　　　D. 物耗管理
17. 班组经济核算管理水平的高低，直接关系到企业的（　　）和可持续发展的能力。
   A. 安全生产　　　　B. 成本控制　　　　C. 经济效益　　　　D. 管理水平
18. 班组要完善核算管理制度，最大限度地发挥员工的生产积极性和（　　）。
   A. 能动性　　　　　B. 创造性　　　　　C. 科学性　　　　　D. 安全性
19. 提高企业经济效益，必须（　　）生产成本。
   A. 提高　　　　　　B. 降低　　　　　　C. 忽略　　　　　　D. 消耗
20. （　　）工作是班组经济核算的落脚点。
   A. 监督　　　　　　B. 鼓励　　　　　　C. 考核　　　　　　D. 检查

二、多项选择题（每题有4个选项，至少有2个是正确的，将正确的选项号填入括号内）

1. 经济核算是以获得最佳经济效益为目标，运用（　　）和业务核算等手段，对生产经营取得的成果用价值的形式进行记录、计算。
   A. 会计核算　　　　B. 成本核算　　　　C. 统计核算　　　　D. 效益核算
2. 班组经济核算的具体内容可分为三类，分别是：（　　）。
   A. 单项指标核算　　B. 成本指标核算　　C. 价值综合核算　　D. 投入产出核算
3. 搞好班组经济核算，对于从源头上（　　），全面提高企业竞争力有着至关重要的意义。
   A. 提高质量　　　　B. 降低消耗　　　　C. 增加效益　　　　D. 提升素质
4. 炼化企业生产的特点是自动化程度高，生产过程具有高度的（　　）。
   A. 科学性　　　　　B. 连续性　　　　　C. 独立性　　　　　D. 协作性
5. 确定班组核算形式的要求是：既能全面反应各项指标的完成情况，又要（　　）。
   A. 经济适用　　　　B. 通俗易懂　　　　C. 简便易行　　　　D. 一目了然
6. 班组经济核算的主要指标有（　　）。
   A. 产量指标　　　　B. 质量指标　　　　C. 劳动指标　　　　D. 物资消耗指标
7. 企业的质量核算主要有（　　）等指标。
   A. 等级品率　　　　B. 废品率　　　　　C. 合格品率　　　　D. 收率
8. 炼化企业必须按照（　　）的原则确定班组经济核算指标。
   A. 管什么　　　　　B. 干什么　　　　　C. 考核什么　　　　D. 检查什么
9. 炼化企业成本管理体系大致可分为哪几个层次（　　）。
   A. 公司成本管理　　B. 厂级成本管理　　C. 车间成本核算　　D. 班组经济核算
10. 班组要将车间下发的各项指标细化到每个岗位，保证操作岗位指标的（　　），完成成本指标向员工的业绩指标转换。
    A. 简单性　　　　　B. 直观性　　　　　C. 可操作性　　　　D. 科学性
11. 班组经济核算的项目主要包括：（　　）。
    A. 物料消耗　　　　B. 动力消耗　　　　C. 人工消耗　　　　D. 其他消耗

12. 过程成本控制,就是在实施成本管理过程中,对生产过程的可控成本进行
(   )的一种成本控制手段。
    A. 管理   B. 监督   C. 控制   D. 优化
13. 班组经济核算过程中应建立的制度包括:(   )。
    A. 班组核算工作实施方案   B. 班组核算管理考核办法
    C. 产品质量管理规定   D. 设备操作管理规定
14. 将经济指标转化成技术指标,再将技术指标转换为控制指标,应遵循(   )原则。
    A. 定性管理的指标定量化   B. 定量管理的指标精细化
    C. 定岗管理的指标人头化   D. 定人管理的指标责任化
15. 在班组经济考核中,要坚持(   )的原则。
    A. 透明   B. 公开   C. 公平   D. 公正

三、判断题(对的画"√",错的画"×")

(   ) 1. 只有不断降低生产成本,企业才有生存的可能。
(   ) 2. 企业要发展,就要盈利、就要有效益。
(   ) 3. 炼化企业连续性生产的特点,决定了班组经济核算的连续性。
(   ) 4. 班组长配合班组经济核算管理工作。
(   ) 5. 抓好定期核算是班组及时发现问题、采取措施、保证每月各项工作任务能够及时、有效完成的关键。
(   ) 6. 正确合理的确定班组经济核算的单位和指标,是推进班组经济核算的一项重要内容。
(   ) 7. 核算单位可以经常变动。
(   ) 8. 班组核算的指标应与企业的管理目标相统一。
(   ) 9. 班组经济核算处于企业成本管理体系的最底层。
(   ) 10. 对班组重点考核操作指标,目标是保证装置操作的平稳运行。
(   ) 11. 炼化企业班组就是通过直接参与生产经营过程,最大限度地保持装置平稳运行,使设备运行状态处于最优,使投入产出比达到最优。
(   ) 12. 装置辅助材料消耗不计算在物料消耗中。
(   ) 13. 在炼化企业生产成本中,原辅材料、动力、燃料等成本控制难度很大。
(   ) 14. 经济考核是一种管理手段。
(   ) 15. 班组经济核算组织中的核心人物是班组核算员。
(   ) 16. 在生产操作中,温度、压力、液位、流量等指标完全可控,所以必须控制好。
(   ) 17. "真考核,硬兑现"是班组经济核算工作能否落到实处的关键。
(   ) 18. 效益的关键在成本。
(   ) 19. 班组要利用所掌握的核算资料,采取合适、合理的方式与方法进行班组经济分析。
(   ) 20. 通过班组经济活动分析,班组长要引导员工充分了解影响班组绩效管理的主要因素,避免类似问题再次发生。

四、简答题

1. 简述班组经济核算的意义。

2. 简述班组"五定"管理的内容。

3. 简述班组经济核算的要点。

4. 某班组经常在车间生产竞赛中排名靠后,班组长应采取什么措施应对?

5. 制定绩效考核方案时,应遵循什么原则?

参考答案

一、单项选择题

1. A 2. C 3. C 4. A 5. B 6. A 7. B 8. C 9. C 10. A
11. C 12. C 13. B 14. B 15. C 16. A 17. C 18. B 19. B 20. C

二、多项选择题

1. AC 2. ACD 3. ABC 4. BD 5. BC 6. ABCD 7. ABC 8. ABC
9. ABCD 10. ABCD 11. ABD 12. BC 13. ABCD 14. AB 15. BCD

三、判断题

1. √ 2. √ 3. √ 4. × 正确答案：班组长全面负责班组经济核算管理工作。 5. √
6. √ 7. × 正确答案：核算单位的选择要慎重，一旦确定，应尽量保持稳定，不要经常变动。 8. √ 9. √ 10. √ 11. √ 12. × 正确答案：物料消耗包括原材料、辅助材料。 13. √ 14. √ 15. × 正确答案：班组经济核算组织中的核心人物是班长。
16. √ 17. √ 18. √ 19. √ 20. √

四、简答题

1. 搞好班组经济核算，对于从源头上提高质量、降低消耗、增加效益，全面提升企业竞争力有着自关重要的意义：(0.4)

（1）班组经济核算是企业精细管理的要求；(0.2)

（2）班组经济核算有助于企业创效水平；(0.2)

（3）班组经济核算有助于提高企业绩效考核水平。(0.2)

2. （1）人定岗；(0.2)（2）岗定责；(0.2)（3）责定额；(0.2)（4）额定分；(0.2)（5）分定奖。(0.2)

3. （1）完善计量工作，数据采集及时准确；(0.2)

（2）做好统计数据梳理汇总，数据录入做到日清日结；(0.4)

（3）做好班组经济核算数据归集整理，简洁实用。(0.4)

4. 应采用班组经济分析的方法，查原因、想对策。具体做法：

（1）投入产出分析法，对比数据变化找差距、定措施；(0.2)

（2）优化生产方案分析法，包括变动费用结构优化，挖潜增效和产品结构优化，提高产品附加值；(0.6)

（3）对标分析法，对标先进、追求卓越。(0.2)

5. （1）奖惩体现公平；(0.4)

（2）考核宽严适度；(0.2)

（3）指标科学合理；(0.2)

（4）措施行之有效。(0.2)

第十章 班组绩效管理

一、单项选择题（每题4个选项，只有1个是正确的，将正确的选项号填入括号内）

1. 绩效管理是管理者用来确保员工工作活动和（　　）与组织的目标保持一致的手段及过程。
   A. 工作产出　　　　B. 加工成本　　　　C. 创新创效　　　　D. 动力消耗
2. 绩效是一个组织或（　　）在一定时期内的投入产出情况。
   A. 岗位　　　　　　B. 车间　　　　　　C. 员工　　　　　　D. 工段
3. 绩效管理的目的在于通过激发员工的工作热情和提高员工的能力和素质，（　　）提升个人、部门和组织的绩效。
   A. 努力　　　　　　B. 真实　　　　　　C. 持续　　　　　　D. 根本
4. 绩效管理可以（　　）员工绩效不佳，提高工作绩效。
   A. 防止　　　　　　B. 控制　　　　　　C. 检查　　　　　　D. 促使
5. 绩效管理强调通过（　　）提高员工的能力。
   A. 带徒传技　　　　B. 降低成本　　　　C. 严格考核　　　　D. 沟通辅导
6. 绩效管理不仅强调绩效的结果，而且重视达成绩效目标的（　　）。
   A. 过程　　　　　　B. 手段　　　　　　C. 方法　　　　　　D. 态度
7. 班组长需要将绩效目标传递给班组成员，并取得他们对目标的（　　）。
   A. 理解　　　　　　B. 认同　　　　　　C. 重视　　　　　　D. 态度
8. 员工需要了解自己的工作绩效，了解上级对自己的（　　）。
   A. 需求　　　　　　B. 态度　　　　　　C. 评价　　　　　　D. 印象
9. 员工希望自己的工作成绩得到（　　）与尊重。
   A. 奖励　　　　　　B. 表扬　　　　　　C. 认可　　　　　　D. 重视
10. 班组绩效管理是班组长与班组员工之间（　　）的过程。
    A. 持续交流　　　　B. 斗智斗勇　　　　C. 履行职责　　　　D. 增产降耗
11. 班组绩效管理反映（　　）被考核人的综合状况，不涉及本考核期之前的行为。
    A. 考核期内　　　　B. 考核期后　　　　C. 就职期间　　　　D. 上岗期间
12. 基层员工的考核周期相对（　　）。
    A. 短一些　　　　　B. 长一些　　　　　C. 不固定　　　　　D. 同管理员一样
13. 绩效考核结果实行（　　）挂钩。
    A. 上下　　　　　　B. 关联　　　　　　C. 收益　　　　　　D. 管理
14. 关键业绩指标用于衡量员工（　　）中关键任务的完成情况。
    A. 考核指标　　　　B. 工作任务　　　　C. 岗位职责　　　　D. 操作指标
15. 工作能力的考核结果，通常作为员工下年度（　　）的依据。

A. 考核重点　　　　B. 目标制定　　　　C. 培训方向　　　　D. 争优评先

16. 事件考核是考核岗位员工在考核期内发生的、影响其岗位职责正常履行的、过程性的（　　）行为。

A. 操作　　　　　　B. 日常　　　　　　C. 物耗　　　　　　D. 安全

17. 班组绩效辅导是班组长辅导（　　）达成绩效计划的过程。

A. 班组员工　　　　B. 车间员工　　　　C. 青年员工　　　　D. 转岗员工

18. 通过（　　）可以改善班组成员的绩效，进而改善班组的绩效。

A. 开会　　　　　　B. 辅导　　　　　　C. 培训　　　　　　D. 管理

19. 班组绩效标准使班组成员有一个努力的（　　）。

A. 方向　　　　　　B. 目标　　　　　　C. 理由　　　　　　D. 借口

20. 班组绩效考核过程中，必须充分考虑（　　）的参与。

A. 领导　　　　　　B. 员工　　　　　　C. 干部　　　　　　D. 班长

二、多项选择题（每题有4个选项，至少有2个是正确的，将正确的选项号填入括号内）

1. 班组推行绩效管理既是落实企业员工绩效考核体系的措施，也是（　　）的有效管理手段。

A. 提高员工绩效　　　　　　　　　B. 开发员工潜能
C. 激发员工工作热情　　　　　　　D. 满足生产需要

2. 绩效包括（　　）两个方面。

A. 个人绩效　　　　B. 车间绩效　　　　C. 工厂绩效　　　　D. 班组绩效

3. 绩效管理着眼于（　　）。

A. 解决工作中存在的问题　　　　　B. 降低生产中的动力消耗
C. 提高现有的绩效水平　　　　　　D. 管控班组的生产成本

4. 班组绩效管理必须建立一套科学、完善的绩效（　　），确保考核评价的结果真实公正。

A. 考核模式　　　　B. 指标体系　　　　C. 考核标准　　　　D. 评价标准

5. 班组绩效管理讨论的是（　　）。

A. 成就　　　　　　B. 成功　　　　　　C. 奖励　　　　　　D. 进步

6. 绩效管理旨在通过（　　），最终实现企业整体目标。

A. 提高员工绩效　　B. 满足员工愿望　　C. 实现员工价值　　D. 增加员工收入

7. 绩效管理包括绩效计划制定、（　　）等管理环节。

A. 绩效计划执行　　　　　　　　　B. 绩效结果评估
C. 绩效反馈与改进　　　　　　　　D. 绩效结果应用

8. 绩效考核指标的目标值应保证上级绩效目标的全面完成，应是（　　），具有一定的挑战性和可实现性。

A. 具体的　　　　　B. 可衡量的　　　　C. 量化的　　　　　D. 有时限的

9. 岗位绩效卡的制定主要包括关键业绩指标、（　　）等内容。

A. 工作任务考核　　B. 工作态度考核　　C. 工作能力考核　　D. 事件考核

10. 从员工岗位职责中提炼出最能反映被考核人关键任务的指标主要包括（　　）。
    A. 生产指标　　　B. 质量指标　　　C. 能耗指标　　　D. 奖惩额度
11. 班组工作任务考核的主要内容包括（　　），以承担科研、工程等项目为主导的相关工作等。
    A. 简单性工作　　B. 临时性工作　　C. 短板性工作　　D. 阶段性工作
12. 工作态度考核是衡量岗位员工对待工作的态度是否端正、积极，主要包括（　　）等方面的考核。
    A. 责任心　　　　B. 主动性　　　　C. 合作意识　　　D. 服务意识
13. 班组可根据实际情况制定相应的考核细则，主要包括（　　）、日常管理等方面的内容。
    A. 安全生产　　　B. 服务意识　　　C. 遵章守纪　　　D. 团结协作
14. 班组业绩计划要具体、（　　）具有相关性和时间限制。
    A. 可衡量　　　　B. 可实现　　　　C. 可推广　　　　D. 可统一
15. 班组长要让班组员工明白考核的目的为了（　　）。
    A. 提高工作绩效　　　　　　　　　B. 为薪酬合理化分配的落实提供依据
    C. 为定岗定编提供依据　　　　　　D. 与企业提质增效无关

三、判断题（对的画"√"，错的画"×"）

（　）1. 班组绩效管理强调通过严格考核的过程实现管理目的。
（　）2. 班组绩效管理包括绩效计划制定、绩效辅导沟通、绩效考核评价、绩效结果应用、绩效目标提升的持续循环过程。
（　）3. 班组需要有效地将组织目标分解给员工，大家为实现共同的组织目标努力。
（　）4. 班组工作本身不需要监控班组各个环节的状况。
（　）5. 班组的绩效目标是靠班组长努力工作实现的。
（　）6. 相互信任、尊重、坦诚合作，是员工完成绩效目标，准确、客观评价员工绩效的必要条件。
（　）7. 班组绩效管理，只要班组长做到心中有数就行。
（　）8. 员工与企业双赢是绩效管理的出发点和落脚点。
（　）9. 在绩效考核过程中，对发生重大以上安全环保事故的直接责任人，实行"一票否决"。
（　）10. 对年度绩效考核特别优秀的员工应提供更多培训机会，以全面提高员工的能力和水平。
（　）11. 岗位绩效卡是全员绩效考核的有效载体。
（　）12. 员工岗位性质不同，选取的考核内容应有所不同。
（　）13. 工作态度是工作能力向工作业绩转换的桥梁，在很大程度上决定了能力向业绩转化的效果。
（　）14. 工作能力考核是对员工一般工作能力进行的考核。
（　）15. 绩效指标制定时，应采取定量指标和定性指标相结合的方式。
（　）16. 班组绩效管理是在班组整体战略的基础上，对战略进行分析、依次分解的。

(　　) 17. 班组绩效辅导，只要班组长能保持与员工持续沟通就行。
(　　) 18. 班组绩效考核细则，必须经过班组民主管理委员会讨论通过并签字确认后方可生效。
(　　) 19. 考核者对同一类被考核者使用的考核方法应该因人而异。
(　　) 20. 班组绩效考核细则是班组绩效考核的具体体现。

四、简答题

1. 什么是绩效管理？

2. 简述在班组绩效计划执行过程中，沟通和辅导工作的内容。

3. 从低到高简述班组长能力考核的四个行为分级。

4. 班组长如何帮助班组员工提高工作绩效？

5. 班组绩效管理的特征是什么？

第十章　班组绩效管理

参考答案

一、单项选择题

1. A　2. C　3. C　4. A　5. D　6. A　7. B　8. C　9. C　10. A
11. A　12. A　13. B　14. C　15. C　16. B　17. A　18. C　19. B　20. B

二、多项选择题

1. ABCD　2. AB　3. ABCD　4. BCD　5. ABD　6. ABC　7. ABCD　8. ABD
9. ABCD　10. ABC　11. BCD　12. ABCD　13. ABCD　14. AB　15. AB

三、判断题

1. ×　正确答案：班组绩效管理强调通过沟通辅导的过程实现管理目的。　2. √　3. √
4. ×　正确答案：班组工作本身需要监控各个环节的状况，了解各个环节的工作产出，及时发现问题并解决。　5. ×　正确答案：班组的绩效目标不是仅靠班组长努力就能实现的，需要将目标分解到班组每个成员。　6. √　7. ×　正确答案：班组绩效管理的每个环节都必须做到公开透明、公平合理。　8. √　9. √　10. √　11. √　12. √　13. √　14. ×　正确答案：工作能力考核是对员工履行岗位职责应具备的素质和能力进行的考核。　15. √
16. √　17. ×　正确答案：班组绩效辅导，必须在做好数据收集和记录的基础上，保持班组长和员工的持续沟通。　18. √　19. ×　正确答案：考核者对同一类被考核者使用的考核方法应该一致。　20. √

四、简答题

1. 绩效管理是指组织的各级管理者和员工为达到组织目标共同参与的绩效计划制定、绩效辅导沟通、绩效考核评价、绩效结果应用、绩效目标提升的持续循环过程。

2. （1）发约人（班组长）和受约人（岗位员工）要定期面谈，沟通目标任务、工作结果、员工能力和潜能发挥等；(0.4)

（2）分析绩效计划执行中的困难、问题和需要给予的支持；(0.2)

（3）明确改进措施和下一步工作重点；(0.2)

（4）约定下一次沟通面谈时间并做好谈话记录。(0.2)

3. （1）D级，能及时传达工作任务，并结合班组员工特点进行分工，确保工作任务落实到人；(0.2)

（2）C级，关爱班组员工，经常与员工谈心，积极帮助员工解决困难；(0.2)

（3）B级，不在班组拉帮结派，能以身作则、用好权利，与班组员工同甘共苦；(0.2)

（4）A级，能主动为班组成员争取利益和荣誉，通过组织活动改善班组成员关系、增强班组凝聚力、创造团队和谐氛围。(0.4)

4. （1）用人所长，发挥出员工的优势；(0.2)

(2) 加强培训，通过持续培训提升班组员工的综合能力；(0.4)

(3) 明确目标，帮助员工达成预期效果；(0.2)

(4) 建立绩效标准，激发员工工作热情。(0.2)

5. (1) 绩效管理可以防止员工绩效不佳从而提高工作绩效；(0.2)

(2) 绩效管理强调通过沟通辅导提高员工能力；(0.2)

(3) 绩效管理是一个过程，是一个包括若干个环节的系统，通过这个系统在一定周期中的运行，实现绩效管理的各个目标。(0.6)

第十一章 班组管理技术与方法

一、**单项选择题**（每题4个选项，只有1个是正确的，将正确的选项号填入括号内）

1. 信息技术是用于管理和（　　）所采用的各种技术的总称。
   A. 处理信息　　　B. 收集信息　　　C. 加工信息　　　D. 计算数据
2. （　　）是指培养、发展以计算机为主的智能化工具为代表的新生产力，并使之造福于社会的历史过程。
   A. 自动化　　　B. 智能化　　　C. 信息化　　　D. 产业化
3. 与智能化工具相适应的生产力，称为（　　）生产力。
   A. 信息化　　　B. 自动化　　　C. 机械化　　　D. 产业化
4. 炼化企业的经营管理方式，随着（　　）的应用发生了很大变化。
   A. 信息技术　　　B. 高技能人才　　　C. 新设备　　　D. DCS 技术
5. 炼化企业生产装置可以实现（　　）自动化控制。
   A. 远程　　　B. 无人　　　C. 联合　　　D. 统一
6. 班组人员的（　　），采用量化数据对员工进行科学公正的量化评价，实现了个人工作绩效与薪酬收入挂钩。
   A. 信息化管理　　　　　　　　B. 经济考核管理
   C. 业绩考核管理　　　　　　　D. 奖金考核管理
7. 班组安全管理以预防安全事故发生、消除危害员工人身安全和（　　）的隐患为主。
   A. 国家财产　　　B. 职业健康　　　C. 火灾事故　　　D. 爆炸事故
8. 安全隐患的信息化管理保证了（　　）平稳运行。
   A. 生产安全　　　B. 设备安全　　　C. 人员安全　　　D. 系统安全
9. 生产执行系统是一个（　　）的系统。
   A. 技术+管理　　　B. 技能+管理　　　C. 操作+管理　　　D. 安全+管理
10. 目标管理是企业在一定时期内激励员工积极参加工作目标制定，并在工作中实行（　　），自觉地为实现目标而努力，以保证企业总目标实现的系统管理活动。
    A. 自我控制　　　B. 自我管理　　　C. 自我约束　　　D. 自我评价
11. 目标管理与传统管理方式相比，有（　　）个鲜明特点。
    A. 一　　　B. 二　　　C. 三　　　D. 四
12. 目标管理建立在相信人的（　　）和能力的基础上。
    A. 积极性　　　B. 主动性　　　C. 被动性　　　D. 协作性
13. 目标管理要求每一个目标都有确定的（　　）。
    A. 责任主体　　　B. 实物主体　　　C. 任务主体　　　D. 操作主体

14. 目标分解要有原则、有（　　）。
   A. 方案　　　　B. 步骤　　　　C. 手段　　　　D. 目标
15. 标准是指以特定的程序和形式颁发的（　　）规定。
   A. 统一　　　　B. 企业　　　　C. 行业　　　　D. 专业
16. 为在一定范围内获得最佳秩序，对实际或潜在的问题制定共同的和重复使用的规则的（　　），称为标准化。
   A. 操作　　　　B. 工作　　　　C. 活动　　　　D. 步骤
17. 标准化管理是建立在严格（　　）基础上的管理。
   A. 自动化　　　B. 程序化　　　C. 规范化　　　D. 标准化
18. 改善创新与（　　），是企业提升管理水平不可或缺的两个方面。
   A. 标准化　　　B. 正规化　　　C. 科学化　　　D. 自动化
19. 标准化管理可以（　　）因不同人的操作而产生效率与品质上的差异。
   A. 导致　　　　B. 避免　　　　C. 控制　　　　D. 减少

二、多项选择题（每题有 4 个选项，至少有 2 个是正确的，将正确的选项号填入括号内）

1. 信息技术应包括（　　）、应用软件开发工具等。
   A. 计算机硬件和软件　　　　B. 网络和通信技术
   C. DCS 操作系统　　　　　　D. 数据处理中心
2. 信息技术体系结构是一个为达成战略目标而采用和发展信息技术的综合结构，包括（　　）的成分。
   A. 通信　　　　B. 管理　　　　C. 计算　　　　D. 技术
3. 班组信息化管理是运用管理信息系统完成班组日常管理工作，如（　　）、培训管理等。
   A. 生产管理　　B. 安全管理　　C. 环保管理　　D. 对标考核管理
4. 班组信息化管理的目的在于健全企业生产的基础数据，包括装置（　　）等。
   A. 产品类数据　　　　　　　B. 设备类状态数据
   C. 安全环保数据　　　　　　D. 人员信息
5. 班组信息化管理主要体现在对（　　）的管理。
   A. 生产　　　　B. 设备　　　　C. 环境　　　　D. 人员
6. 安全隐患管理信息系统具有将安全隐患进行量化（　　）等多项功能。
   A. 整合　　　　B. 管理　　　　C. 监督　　　　D. 排除
7. 企业的 MES 系统，是利用实时信息系统监控（　　）的整个过程。
   A. 生产排产　　B. 生产执行　　C. 生产操作　　D. 生产统计
8. 企业的生产运行系统（MES），通过提供生产实时信息，为（　　）自动提供决策支持。
   A. 管理层　　　B. 执行层　　　C. 班组长　　　D. 操作层
9. 信息化培训是培训工作的网络化应用，包括（　　）。
   A. 装置流程模拟仿真系统　　B. 网络培训考试系统

C. 移动培训系统　　　　　　　　D. 电子考勤系统
10. 网络培训考试系统的使用，可以有效解决企业（　　）等难题。
A. 师资不足　　　　　　　　　　B. 考试公平公正
C. 文化水平差异大　　　　　　　D. 操作水平差异大
11. 目标管理通过专门设计的过程，将组织的整体目标分解，转换为（　　）分目标。
A. 各单位　　　B. 各员工　　　C. 各车间　　　D. 各班组
12. 工作成果是（　　）的标志。
A. 评定目标完成程度的标准　　　B. 人事考核的奖惩依据
C. 评价管理工作成效　　　　　　D. 绩效考核的依据
13. 目标管理的形式包括（　　）。
A. 组织中心型　B. 个人中心型　C. 成果中心型　D. 考核中心型
14. 在班组目标管理工作中，确立员工的分目标要（　　）便于评估。
A. 统一　　　　B. 精准　　　　C. 具体　　　　D. 量化
15. 目标管理的评价方法包括（　　）。
A. 现场考核法　B. 直接评分法　C. 安全否决法　D. 打分评价法

三、判断题（对的画"√"，错的画"×"）

（　）1. 信息技术也常被称为信息和通信技术。
（　）2. 信息化、目标化、标准化、流程化管理，都是现代管理的技术与方法。
（　）3. 信息技术主要包括传感技术、计算机技术和通信技术。
（　）4. 只有不断引进和创新班组管理技术与方法，才能扎实推进班组管理工作。
（　）5. 班组的信息建设是企业信息化建设的基石。
（　）6. 班组信息化管理处于企业信息化管理中的起点位置。
（　）7. 班组的信息管理是一个不断优化、完善的长期过程。
（　）8. 生产信息化管理是班组信息化管理最重要的组成部分。
（　）9. 确保产品质量合格是班组长的首要职责。
（　）10. 生产信息化管理是班组信息化管理最重要的组成部分。
（　）11. 设备的信息化管理提高了设备的利用率，延长了设备的运转周期。
（　）12. MES是生产执行系统的英文缩写。
（　）13. MES的拓展应用已成为在现有条件下保证企业安全生产的最有效措施之一。
（　）14. 设备运行包括设备使用与维护。
（　）15. 在班组目标分解过程中，根据不同员工的特点可以设立不同的方向。
（　）16. 只有员工完成了自己的分目标，企业的目标才有完成的希望。
（　）17. 目标管理以制定目标为起点，以目标完成情况的考核为终结。
（　）18. 班组预定目标是一个暂时的，可以调整的目标方案。
（　）19. 班组预设目标之后，不需要重新审视现有的职责分工。
（　）20. 确立班组成员的分目标，既要有挑战性，又要有实现的可能性。

四、简答题

1. 班组信息化管理的特点有哪些？

2. 为做好班组信息化管理工作，班组长应如何掌握 MES 系统管理？

3. 班组目标分解的原则有哪些？

4. 班组目标管理总结和评价的程序是什么？

5. 班组技术标准的内容是什么？

第十一章 班组管理技术与方法

参考答案

一、单项选择题

1. A　　2. C　　3. A　　4. A　　5. A　　6. A　　7. B　　8. A　　9. A　　10. A
11. C　　12. A　　13. A　　14. B　　15. A　　16. C　　17. B　　18. A　　19. B

二、多项选择题

1. AB　　2. BD　　3. ABCD　　4. ABCD　　5. ABD　　6. ABCD　　7. ABD　　8. ABD
9. ABC　　10. AB　　11. AB　　12. ABC　　13. ABC　　14. CD　　15. BD

三、判断题

1. √　2. √　3. √　4. √　5. √　6. ×　正确答案：班组信息化管理处于企业信息化管理中既是起点也是执行终点的特殊位置。　7. √　8. √　9. ×　正确答案：确保安全生产是班组长的首要职责。　10. √　11. √　12. √　13. √　14. √　15. ×　正确答案：在班组目标分解过程中，各目标方向一致、环环相扣、相互配合。　16. √　17. √　18. √　19. ×　正确答案：班组预设目标之后，需要重新审视现有的职责分工，根据新的分解目标进行调整。　20. √

四、简答题

1. （1）班组信息化管理处于企业信息化管理的起始点和执行终点的特殊位置，信息覆盖面宽，涵盖班组全部管理内容；（0.6）

（2）软硬件配套系统化强，体系完整，可按需要升级扩展；（0.2）

（3）运行实践性好、面对基层班组、服务基层班组、操作简单快捷。（0.2）

2. （1）能通过身份认证系统正确登录 MES 系统；（0.2）

（2）能进行生产数据录入、报表上报、生产指标监控分析、记载班组运行记录等操作；（0.4）

（3）能够在遇到系统问题时，转入正确的处理流程；（0.2）

（4）掌握班组核算系统的使用方法。（0.2）

3. （1）以每个员工的能力为依据；（0.2）

（2）以班组总目标的全面落实为宗旨；（0.2）

（3）要形成一个完整的目标体系；（0.2）

（4）目标界限明确、具体；（0.2）

（5）充分考虑班组成员的意见。（0.2）

4. （1）首先由班组成员自我评价；（0.2）

（2）班长在自我评价的基础上进行评价；（0.4）

（3）班长发表目标评价结果；（0.2）

（4）班长总结目标管理经验教训。（0.2）

5. （1）安全生产法律法规等标准；(0.2)
（2）生产工艺技术流程标准；(0.2)
（3）操作规程标准；(0.1)
（4）操作成本控制技术参数标准；(0.2)
（5）产品加工量、收率技术参数标准；(0.2)
（6）装置设备维护保养标准。(0.1)

第十二章　班组组织及团队建设

一、单项选择题（每题4个选项，只有1个是正确的，将正确的选项号填入括号内）

1. 班组一级组织是企业按照一定的目的、任务和形式组织起来从事生产的团体，是企业的基本作业单位，是企业内部最基层的（　　）。
   A. 劳动组织　　B. 管理机构　　C. 劳动和管理组织　　D. 基本单元

2. 班组组织建设的形式表现为班组的构成，主要包括（　　）的选配、班组核心的形成、班组岗位人员的配备。
   A. 班组长　　B. 技术人员　　C. 管理人员　　D. 特殊人才

3. 企业的组织变革使许多管理职能下沉到班组，班组的管理职能不断强化、不断拓展，这需要班组建立增强（　　）的组织体制。
   A. 管理职能　　B. 公关能力　　C. 创新职能　　D. 技术能力

4. 企业组织结构还存在横向结构，就班组而言就是与其他班组之间的横向协作关系，即与同一组织体中的其他班组的（　　）、相互配合的关系。
   A. 相互沟通　　B. 相互联系　　C. 相互支持　　D. 相互协作

5. 班组组织建设主要是通过组织机构建设、队伍建设、（　　）等方式，使班组健全工作制度和工作机制，班组成员团结协作、努力工作，以适应企业不同时期的经济管理体制和模式的变化，不断推进创新，保证班组职能的有效发挥，完成各项工作任务。
   A. 公开选拔　　B. 集中管理　　C. 个性化管理　　D. 民主管理

6. 班组实行（　　）使班组全员参与到班组管理中，大家的积极性、主动性和创造性被充分调动，智慧得以充分展示，各种潜能被充分挖掘，使班组成为一个充满战斗力的团结的整体。
   A. 铁腕管理　　B. 民主集中制　　C. 遵章守纪管理　　D. 开发式管理

7. 班组思想教育要与（　　）的需要相适应，使员工的是非观念、道德观念和价值观念向正确方向转变，影响他们的行为准则、工作绩效，达到团队和谐、思想道德和综合素质提高。
   A. 员工个人发展　　B. 模范人物　　C. 技改革新　　D. 企业改革发展

8. （　　）是成员对组织所持的正确态度。要维护班组的决议，遵守组织条款，履行义务，执行决定，抱着忠诚、积极的态度做好工作。
   A. 集体观念　　B. 个人观念　　C. 组织观念　　D. 企业精神

9. （　　）是班组民主管理的基本形式，是员工在班组行使民主管理权力的具体体现。
   A. 工人民主会　　B. 班组核心会　　C. 班组安全会　　D. 班组民主会

10. 班组的每一个人都有各自的岗位，各岗位组合起来担当班组的生产任务，各岗位人员的安排和（　　）至关重要。

　　A. 交流　　　　　B. 沟通　　　　　C. 协调　　　　　D. 配合

11. 企业组织变革具有（　　）、系统性、更加面向知识和重视人的作用等特点，因此，组织建设要加强能力建设。能力主要包括技能和素质，技能是首位的，没有技能不可能实现安全生产。

　　A. 连续性　　　　B. 持续性　　　　C. 间歇性　　　　D. 必然性

12. （　　）是班组在生产技术经营活动中共同遵守的规范和准则。

　　A. 班组文化　　　B. 班组公约　　　C. 班组规章制度　D. 班组理念

13. （　　）是指一种为实现某一目标而由相互协作的个体所组成的正式群体。

　　A. 团队　　　　　B. 班组　　　　　C. 组织　　　　　D. 站队

14. （　　）复杂、技术先进，生产具有高危、连续性的特点，各生产岗位之间紧密衔接，共同完成生产任务。

　　A. 科学研究　　　B. 勘探开发　　　C. 炼化企业装备　D. 管道运输

15. 团队精神使班组成员以班组整体利益为（　　），树立大局意识、服务意识和协调意识，团结在一起，为完成共同任务和目标发挥各自的才能。

　　A. 凝聚力　　　　B. 协同力　　　　C. 向心力　　　　D. 推动力

16. 制定团队目标需要结合班组的实际情况，如人员结构情况、（　　）情况等，还要考虑整体利益，使目标具有明确性、可操作性、可衡量性。

　　A. 攻关能力　　　B. 技术能力　　　C. 协作能力　　　D. 创新能力

17. （　　）是为了设定的目标，把信息、思想和情感在个人或群体间传递，并达成共同协议的过程。

　　A. 沟通　　　　　B. 交流　　　　　C. 表达　　　　　D. 讲诉

18. （　　）要创造一个开放、信任、有趣的工作氛围，鼓励积极主动的创新，让员工有意识地参与决策。

　　A. 工会　　　　　B. 班组长　　　　C. 车间书记　　　D. 车间主任

19. 班组长要随时关注成员的（　　），从关爱和同情的角度去理解成员的情绪波动，设身处地为成员着想，并找出好的方法帮助他们解决问题，使他们不仅感受到组织的关爱，更感受到友情、亲情。

　　A. 心理状况　　　B. 情绪状况　　　C. 工作状况　　　D. 家庭状况

20. 班组中一旦出现（　　），不要否定它的存在，回避与抵制也不是好方法。

　　A. 正式组织　　　B. 非法组织　　　C. 个人主义组织　D. 非正式组织

二、多项选择题（每题有 4 个选项，至少有 2 个是正确的，将正确的选项号填入括号内）

1. 班组是企业为了有效保证装置的正常运行，确保管理目标的实现，按照生产工艺、岗位的需要，由（　　）人员组成，并根据管理体制的职能界定而设立的最基层生产组织。

　　A. 专业技术　　　B. 专业管理　　　C. 管理　　　　　D. 操作

2. 班组管理是在特定的班组活动中所进行的计划、（　　）和激励等管理活动。其职能是对班组的管理要素合理组织、有效利用。

   A. 组织　　　　　B. 指挥　　　　　C. 协调　　　　　D. 控制

3. 班组管理的最大特点是：（　　）。

   A. 班组长和班组成员共同参与　　　B. 完成既定的生产任务
   C. 实现目标的动态过程　　　　　　D. 实现过程的动态管理

4. 随着炼化企业生产技术装备和管理的进步与发展，以及体制的变革、流程再造，班组的地位、功能、（　　）、等发生了很大变化。

   A. 管理职能　　　B. 工作落脚点　　C. 具体工作　　　D. 管理范围

5. 班组功能包括：（　　）和育人成才功能。

   A. 生产保障功能　B. 挖潜创效功能　C. 和谐稳定功能　D. 企业文化创造功能

6. 班组长是企业生产工作的最终执行者，也是班组各项管理工作的组织者、管理者和领导者，俗称企业基层组织的兵头将尾。具有（　　）为一身的职能，在班组中实际是执行管理的职能。

   A. 操作　　　　　B. 执行　　　　　C. 协调　　　　　D. 领导

7. 班组长是生产一线的指挥者，尤其是在夜间作业时的指挥作用更为突出，在遇到生产突发事件，要（　　），以正确地指挥，应对困难局面。

   A. 果断做出判断　B. 迅速行动起来　C. 消除异常现象　D. 行使指挥权

8. 班组特点是其特殊（　　）的客观反映，把握住班组特点，就找到了班组管理和建设的支点。

   A. 生产方式　　　B. 生产环境　　　C. 人际关系　　　D. 人文状态

9. 班组长的作用是由炼化装置班组生产方式、班组地位及特殊性所决定的。班组长的作用包括：（　　）。

   A. 指挥管理作用　B. 指导示范作用　C. 决策决断作用　D. 沟通协调作用

10. 班组长在班组管理过程中主要有八项职责：对班组工作负全责，（　　），组织落实各项管理工作，科学组织班组各项活动，加强团队建设、搞好技术演练，加强班组文明建设。

    A. 完成班组生产任务
    B. 贯彻上级政策、法规、制度
    C. 加强班组员工之间的沟通、协调工作
    D. 承担教育培训工作

11. 班组长在生产操作过程中是生产（　　），对违反操作规程的现象应及时制止，避免事故的发生；同时，对不符合生产要求的盲目指挥有权拒绝，按生产规程办事。

    A. 工作者　　　　B. 组织者　　　　C. 管理者　　　　D. 指挥者

12. 现代班组管理是：（　　）的有机结合。

    A. 企业管理　　　B. 综合管理　　　C. 专业管理　　　D. 基础管理

13. 班组长在班组管理中主要具有以下八项权限：生产经营管理权，（　　），实施奖金分配权，提拔晋级推荐权，合法权益维护权。

    A. 人员岗位建议权　　　　　　　　B. 工作细则实施权
    C. 拒绝违章指挥、制止违章作业权　D. 奖惩建议权

14. 制度管理是指为保证班组高效有序进行生产管理活动而依据法律、法规、政策以内部行文方式确定的章程、规程、规则的总称，班组制度是班组成员的行为准则和管理依据，具有（　　），也称为内部劳动规则，是企业内部的"法律"。
　　A. 安全性　　　　B. 法规性　　　　C. 指导性　　　　D. 约束力

15. 学习型班组是指能够系统的思考，自我超越，（　　）。其核心是：工作学习化，学习工作化。即：在干中学，在学中干。
　　A. 团结有爱互相帮助　　　　　　B. 主动改善心智模式
　　C. 设立共同的学习目标　　　　　D. 建立共同愿望的团队

三、判断题（对的画"√"，错的画"×"）

（　　）1. 班组是企业最小的组织单位，包含着人员设定、生产指挥、组织协调、资源整合、完成目标任务等群体职能。

（　　）2. 从广义上说，组织是指由诸多要素按照多种方式相互联系起来的系统。

（　　）3. 班组长不需要向上级组织请示和报告工作，只要能负责地独立解决职责范围内的问题。

（　　）4. 班组组织制度建设要结合实际，具有实效性、可操作性，制度一旦建立就要有其不可动摇的权威性，一丝不苟的执行性，制度建设重在科学规范，贵在长期坚持。

（　　）5. 民主管理是相对于绝对服从、绝对权威的管理形式而言的，即管理者在民主、公平、公开的原则下，科学地将管理思想进行传播，协调组织内各种行为达到管理目的的一种管理方法。

（　　）6. 班组根据工作情况，通过民主选举的方式选出工人民主管理员简称工管员，工管员在班组长的领导下承担起班组某些方面的管理工作。

（　　）7. 班组是员工工作学习成长的主要场所，炼化企业一线员工实行倒班工作制，不能正常起居、休假，且生活单调，易造成情绪低落。

（　　）8. 当非正式渠道传递的信息严重失真，并引起人心涣散、惶恐时，就会对组织造成极大的危害。班组长要迅速在组织内部建立起权威、正式的信息沟通渠道，消除不良影响和损失。

（　　）9. 班组长要通过班组文化建设使非正式组织成员对企业有认同感、归属感，增强班组凝聚力。

（　　）10. 班组长要明确自己在团队中的领导与组织作用。

（　　）11. 在班组团队中成员对领导者高度认同成员，目标一致，沟通无障碍，彼此关心、尊重，团队气氛和谐。

（　　）12. 团队的精髓就是，没有合作团队便没有业绩。

（　　）13. 工作中要相互体谅、相互扶持，集中集体的智慧和力量，打开工作局面，善于总结。既要会总结经验，也要会总结教训。

（　　）14. 团队文化是指团队成员在相互合作的过程中为实现各自的人生价值，并为完成团队共同目标而形成的一种潜意识文化，其核心是个人成长。

（　　）15. 团队文化建设要突出个人主义。

( ) 16. 人际关系是人们在物质交往与精神交往中发生、发展和建立起来的人与人之间的直接的心理关系。

( ) 17. 情商是良好的道德情操，是持之以恒的韧性，是同情和关心他人的善良。情商会影响人的工作状态，班组长要加强情商培养，在工作中发挥其积极的作用。

( ) 18. 用自身良好的情绪影响团队成员，即班组长要在工作和学习中表现出积极向上、乐观进取的情绪，能用自己的行为感染和带动大家。

( ) 19. 团队是因适合不同环境或承担不同任务而组建，团队的类型形式单一，大同小异。

( ) 20. 团队的骨干力量应具备较好的素质和能力，并有一定的群众基础，有威信、善团结，真心实意帮助班组搞好工作。

四、简答题

1. 选配班组长的能力和品德要求是什么？

2. 从哪些方面能体现班组在企业组织结构中的基石作用？

3. 在班组长管理中如何判断是否出现了非正式组织？班组中出现了非正式组织应如何应对？

4. 班组管理中，班组长应掌握的沟通技巧？

5. 班组长如何进行团队成员的情绪管理。

参考答案

一、单项选择题

1. C　　2. A　　3. A　　4. B　　5. D　　6. B　　7. D　　8. C　　9. D　　10. C
11. B　　12. C　　13. A　　14. C　　15. C　　16. B　　17. A　　18. B　　19. B　　20. D

二、多项选择题

1. ACD　　2. ABCD　　3. ABCD　　4. AD　　5. ABCD　　6. ABCD　　7. AD　　8. ABD
9. ABCD　　10. ABD　　11. BC　　12. BCD　　13. ABCD　　14. BCD　　15. BD

三、判断题

1. √　　2. ×　　正确答案：从广义上说，组织是指由诸多要素按照一定方式相互联系起来的系统。　　3. ×　　正确答案：班组长既要向上级组织请示和报告工作，又要能负责地独立解决职责范围内的问题。　　4. √　　5. √　　6. √　　7. √　　8. √　　9. √　　10. √　　11. √　　12. ×　　正确答案：团队的精髓就是协作意识、合作精神，没有合作团队便没有业绩。　　13. √　　14. ×　　正确答案：团队文化是指团队成员在相互合作的过程中为实现各自的人生价值，并为完成团队共同目标而形成的一种潜意识文化，其核心是团结协作。　　15. ×　　正确答案：团队文化建设要突出集体主义。　　16. √　　17. √　　18. ×　　正确答案：用自身良好的情绪影响团队成员，即班组长要在工作和学习中表现出积极向上、乐观进取的情绪，用自己的进步感染和带动大家。　　19. ×　　正确答案：团队是因适合不同环境或承担不同任务而组建，团队的类型形式多种多样。　　20. √

四、简答题

1. 现代企业班组长管理权限及职能的扩大，对班组长的能力及品德的要求越来越高，班组长的选配十分重要，一定要选拔思想好、安全责任感强、技术精、业务通、会管理、作风正、干劲足、有威信的人担任，班组长的人选既要符合组织考核要求，又要有良好的群众基础，领导能力及技术水平。

2. 班组长对上一级行政领导负责，向上接受命令、承担任务、执行任务，实施生产指令；向下指挥员工，组织员工分解各项生产计划，执行生产任务，将上级命令变为步调一致的行动。

3. 一是组织形成具有自发性，主动性和渐进性；二是组织领导自然形成，成员关系具有情义性和非等级性；三是组织行动具有互动性、倾向性和非标准性；四是具有较强的凝聚力；五是信息沟通灵活，但信息有时会片面或失真；六是沟通方式多样，但对环境具有依赖性。(0.6)

　　对待非正式组织的策略：一是建立通畅的沟通渠道；二是采取必要的组织措施；三是发挥非正式组织的积极作用。(0.4)

4. 沟通的技巧有很多，通常要掌握的有：一是沟通时要保持目光交流，让人感觉到你的真诚，需要时要表现出亲近感；二是引起对方注意，让别人思索你提出的问题；三是学会设身处地，从他人角度看问题；四是认真倾听，表示对他人的尊重；五是对事不对人，避免引起反感，影响沟通效果；六是了解对方情况和想法，对症下药；七是控制感情，在对方不冷静的情况下，能克制自己；八是给予反馈，让对方明确你的态度；九是求同存异，避免出现冲突；十是会用婉转的方式表达不同意见，使对方易于接受。

5. 一是用自身良好的情绪影响团队成员；二是控制好自身的情绪；三是学会激励自己；四是观察团队成员的情绪状况。

第十三章 班组长的素质与能力培养

一、单项选择题（每题4个选项，只有1个是正确的，将正确的选项号填入括号内）

1. 班组长是企业最基层的管理者，是直接带领员工从事一线生产操作的（　　）、组织者。
   A. 合作者　　　B. 实践者　　　C. 探索者　　　D. 参与者

2. 不断提高班组长和员工的（　　），对国有企业的员工，尤其是班组长更有其特别重要的意义。
   A. 政治素质　　B. 业务能力　　C. 工作态度　　D. 个人表现

3. 思想素质是人的思想状态的体现，一个（　　）思想素质结构，对人的行为或实践活动具有重要的影响作用。
   A. 多样的　　　B. 创新的　　　C. 变化的　　　D. 稳定的

4. 作为一名优秀的班组长必须具备较高的政治素质，要有坚定的政治立场和政治方向，自觉遵守（　　）。
   A. 企业标准　　B. 道德规范　　C. 法律法规　　D. 社会规则

5. 作为一名优秀的班组长必须在思想素质的提升上下工夫。一是加强学习，提高认知能力，做一个有知识、有文化、有思想、有（　　）的人。
   A. 品味　　　　B. 胆识　　　　C. 情操　　　　D. 目标

6. 班组长的道德素质一般包括社会公德、（　　）、家庭美德等方面的内容。
   A. 职业素养　　B. 爱岗敬业　　C. 团结友爱　　D. 职业道德

7. 班组长的组织领导能力使班组长能以身作则，公平、（　　）地处理班组事务，解决班组员工之间的矛盾。
   A. 公开　　　　B. 公正　　　　C. 严肃　　　　D. 严格

8. 生产运行操作能力是班组长的基本能力，也是对班组长的（　　）。
   A. 基本要求　　B. 任职要求　　C. 首要标准　　D. 考核要求

9. （　　）是班组长运用各种知识（资源）、技能在班组生产管理活动中对人力、物力及相关关系进行有效组织并获得最佳结果的能力。
   A. 创新能力　　B. 协调沟通能力　　C. 应变能力　　D. 整合能力

10. 班组长的创新能力是指其运用所掌握的生产技术、工艺设备及班组管理方面的知识，通过班组（　　），实现管理创新、理论创新、方法创新，达到发展进步的能力。
    A. 完成急难险重任务　　　　　B. 生产管理实践活动
    C. 处理紧急事故　　　　　　　D. 日常维修维护

11. 班组长的创新能力包括（　　）、创新愿望及创新技能。

A. 创新思维　　　　B. 创新管理　　　　C. 创新思考　　　　D. 创新指挥

12. （　　）是现代班组长的时代特征之一。
A. 组织领导能力　　B. 协调沟通能力　　C. 执行能力　　　　D. 创新能力

13. 执行能力就是（　　）、按量地完成工作任务的能力。
A. 按时　　　　　　B. 按质　　　　　　C. 按期　　　　　　D. 按领导要求

14. 执行能力在工作中表现为能够迅速理解上级意图，按照（　　）和工作计划，有效组织相关资源推进工作。
A. 工作标准　　　　　　　　　　　B. 作业流程
C. 既定的方针目标　　　　　　　　D. 领导指派

15. 执行能力在工作中表现为（　　），按时、保质、保量地完成领导交办的各项工作。
A. 注重效率　　　　B. 领导满意　　　　C. 团结一致　　　　D. 和谐有序

16. 就主观而言，班组长自身素质的提升必须通过培养自己的（　　）来实现。
A. 观察力　　　　　B. 学习力　　　　　C. 自制力　　　　　D. 判断力

17. 对于班组长素质提升而言，交流可以进一步消化书本上的理论、观点，破解认识上的（　　）。
A. 难题　　　　　　B. 迷惑　　　　　　C. 误区　　　　　　D. 障碍

18. 班组长的"自省"就是通过自我意识来省察自己（　　）的过程。
A. 成绩　　　　　　B. 价值　　　　　　C. 能力　　　　　　D. 言行

19. 反思和（　　）是班组长保持实践自觉的重要环节，从中吸取经验教训，承担责任。
A. 反省　　　　　　B. 检讨　　　　　　C. 行动　　　　　　D. 讨论

20. （　　）是人们增长知识和才干必要的也是较便捷的方式。
A. 师带徒　　　　　B. 交流沟通　　　　C. 会议　　　　　　D. 案例分析

21. 书本知识要在实践中得到检验、（　　），反过来，实践需要理论知识指导。
A. 探索　　　　　　B. 评价　　　　　　C. 尝试　　　　　　D. 练习

22. 班组长的进取精神是一种向上的、立志有所作为的（　　）。
A. 精神状态　　　　B. 行为表现　　　　C. 生活态度　　　　D. 行动表现

23. 对事物有准确的判断力，善于对现象进行本质的概括和总结，是成功班组长的（　　）特征。
A. 首要　　　　　　B. 基本　　　　　　C. 内在　　　　　　D. 外在

24. 班组长应通过实践学习力，掌握必要的知识，为素质和（　　）的提升打牢基础。
A. 水平　　　　　　B. 技能　　　　　　C. 学识　　　　　　D. 能力

25. 在班组管理实践过程中，涌现出许多鲜活的经验和做法，都有其规律和特征。在实践中把具体的、局部的、零散的经验或教训进行科学梳理，提炼归纳，找出（　　），有利于指导未来的工作。
A. 现象　　　　　　B. 规律　　　　　　C. 问题　　　　　　D. 相似性

26. 执行力是企业成功的（　　），执行力也是企业文化的一部分。

A. 首要条件　　　B. 必要条件　　　C. 基本前提　　　D. 目标要求

27. 班组长的执行力就是将个人的工作能力、办事能力转化为班组这个团队的战斗力，使班组具有将企业战略与决策转化为（　　）的能力。

A. 工作绩效　　　B. 团结协作　　　C. 顾全大局　　　D. 实施结果

28. 执行力是铸牢安全生产的（　　）。

A. 基础　　　　　B. 要素　　　　　C. 条件　　　　　D. 结果

29. 炼化企业的生产过程需要严格监控，（　　）是安全生产的核心。

A. 过程受控　　　B. 结果受控　　　C. 生产受控　　　D. 目标受控

30. 企业各项管理工作的落脚点在（　　）。

A. 车间　　　　　B. 基层　　　　　C. 班组　　　　　D. 员工

31. 企业整体执行力是（　　）的，缺少哪一环都形成不了一个有效的链条。

A. 环环相扣　　　B. 相辅相成　　　C. 层层叠加　　　D. 循序渐进

32. 班组长的执行力体现着对企业的忠诚与（　　）。

A. 坚持　　　　　B. 诚信　　　　　C. 认可　　　　　D. 责任

33. 执行力的提升取决于两个要素：（　　）和态度。

A. 本事　　　　　B. 能力　　　　　C. 精神　　　　　D. 毅力

34. 班组长工作能力的提高首先要靠企业（　　）。

A. 提高效益　　　B. 加强培训　　　C. 加强管理　　　D. 严格考核

35. 职业道德的提升来源于外因的强化教育和内因的（　　）。

A. 自我反思　　　B. 素质提升　　　C. 自我修养　　　D. 总结改进

36. 好的执行力需要严谨、（　　）、开拓创新的精神。

A. 谦虚　　　　　B. 勤奋　　　　　C. 创新　　　　　D. 务实

37. 班组执行力的提升要靠全员的积极参与，除了培养团队的协作精神，还要提高全体员工的（　　）。

A. 业务水平　　　B. 沟通协作　　　C. 严谨作风　　　D. 综合素质

38. 执行力提升的目的是为了更好的（　　）。

A. 实施　　　　　B. 效益　　　　　C. 储备　　　　　D. 业绩

39. 实施执行力要有（　　）、有措施。

A. 准备　　　　　B. 方案　　　　　C. 目标　　　　　D. 想法

40. 班组长有了执行的决心和办法，还要注重执行中的（　　），一个环节一个环节地思考、准备，达到精准执行。

A. 问题　　　　　B. 人际　　　　　C. 细节　　　　　D. 要求

41. 实施执行力要有对企业（　　）和相信上级的态度。

A. 信任　　　　　B. 服从　　　　　C. 忠诚　　　　　D. 热爱

42. 实施执行力不能被动，不能只满足于简单的完成，要主动地努力超越期望，在（　　）的基础上多做一点，多付出一点。

A. 积极改进　　　B. 完成任务　　　C. 稳扎稳打　　　D. 沟通协作

43. 实施执行力需要掌握四项操作：程序化管理，（　　），规范化操作，经常化检查。

A. 熟练操作　　　B. 反思改进　　　C. 师傅带领　　　D. 格式化训练

44. 班组文化是班组成员之间（　　）、共同认识的产物，班组文化使员工树立正确的价值观，形成良好的风气。

A. 相互理解　　　B. 相互关心　　　C. 共同进步　　　D. 团结友爱

45. 营造班组执行文化要让执行意识融合于班组文化之中，创造良好的执行氛围，形成良好的（　　），促进执行力的有效实施。

A. 执行效果　　　B. 执行规则　　　C. 执行条件　　　D. 执行环境

46. 班组要结合实际情况建设班组文化，由班组成员（　　）确定文化内涵，形成易记易懂的提示警句或格言。

A. 抽签决定　　　B. 收集整理　　　C. 共同探讨　　　D. 根据兴趣

47. 生产班组实施执行力的最终目的是实现（　　），实现安全生产。

A. 平稳操作　　　B. 完成任务　　　C. 服从指挥　　　D. 优质高效

48. 班组执行力文化的核心内容就是班组成员（　　），一切行动听指挥，追求团体荣誉和业绩。

A. 按规则操作　　B. 团结一致　　　C. 分工合作　　　D. 全力以赴

49. 基层班组执行力的强弱主要体现在技能与（　　）上。

A. 想法　　　　　B. 创新　　　　　C. 操作　　　　　D. 意愿

50. 积蓄班组执行力能量是要有（　　），公平、公正地考核工作业绩，奖勤罚懒，向上级推荐使用表现出色的员工。

A. 规章制度　　　B. 激励机制　　　C. 管理水平　　　D. 合理分工

二、多项选择题（每题有 4 个选项，至少有 2 个是正确的，将正确的选项号填入括号内）

1. 素质、能力是一种（　　），更是一门艺术。

A. 工具　　　　　B. 形象　　　　　C. 责任　　　　　D. 品质

2. 班组长要不断地学习新东西，了解新情况，掌握新本领，努力拓宽自己学习与实践的领域，使自己具备适应工作所需的（　　），成为一专多能的复合型人才。

A. 知识　　　　　B. 技能　　　　　C. 能力　　　　　D. 观念

3. 政治素质是一个人在政治方面所表现出的（　　）的综合反映。

A. 立场　　　　　B. 态度　　　　　C. 信仰　　　　　D. 爱好

4. 作为一名优秀的班组长，要树立正确的价值观，准确把握对（　　）及他人的评价及选择标准，不断提高自己的思想觉悟。

A. 社会　　　　　B. 企业　　　　　C. 自身　　　　　D. 集体

5. 作为一名优秀的班组长要加强思想作风修炼，树立（　　）的思想品质。

A. 爱岗敬业　　　B. 团结友爱　　　C. 与时俱进　　　D. 求真务实

6. 班组长的道德素质是其（　　）的综合反映。

A. 道德意识　　　B. 道德标准　　　C. 道德观念　　　D. 道德行为

7. 文化、技术、知识素质是班组长的素质基础，包括（　　）等。

A. 基础文化　　　　　　　　　　　B. 专业知识

C. 专业技能　　　　　　　　　　D. 现代经济及科技知识

8. 组织领导能力是班组长的首要能力，表现为（　　）的能力。

A. 对班组事务进行统筹安排　　　B. 组织和率领员工实现既定目标

C. 完成生产任务　　　　　　　　D. 履行职责

9. 班组长要拥有在相关岗位上长期积累的、保证装置正常生产运行的（　　），能够对生产中出现的问题进行分析判断、正确处理，进而化解危机，并能帮助他人提高技术水平。

A. 专业知识　　B. 技术　　　　C. 经验　　　　D. 魄力

10. 通过对客观事物的（　　）、综合分析等过程，认识和把握规律性，是班组长能力的基础。

A. 观察　　　　B. 抽象推理　　C. 演绎　　　　D. 归纳

11. 班组长协调沟通能力表现为（　　）的能力。

A. 化解矛盾　　　　　　　　　　B. 聚分为合

C. 变消极为积极　　　　　　　　D. 率领员工实现工作目标

12. 班组长的学习力包括（　　）等。

A. 学习动力　　B. 学习毅力　　C. 学习评估　　D. 学习方法

13. 班组长在生活和工作实践中，要（　　），自我加压，敢于超越。

A. 正视现实　　B. 自信　　　　C. 自立　　　　D. 自强

14. 进取精神体现为（　　）认真学习、艰苦奋斗、顽强拼搏、不放弃、不泄气。

A. 乐观　　　　B. 自信　　　　C. 自强不息　　D. 和领导搞好关系

15. 自我反思和自省意识是（　　）的一个重要前提。

A. 认识自我　　B. 改造自我　　C. 提升自我　　D. 评价自我

16. 班组长要认识交流沟通既是（　　）的途径，也是增长才干的重要渠道。

A. 成事　　　　B. 做事　　　　C. 办事　　　　D. 干事

17. 班组长要不断提升（　　），带出一个优秀的执行团队。

A. 执行意识　　B. 素质　　　　C. 执行能力　　D. 胆识

18. 班组长执行力包含（　　）。

A. 完成任务的意愿　　　　　　　B. 完成任务的能力

C. 完成任务的程度　　　　　　　D. 完成任务的勇气

19. 企业整体执行力的关键一环在班组，班组执行力决定企业产品的（　　），关乎企业的效益目标的实现。

A. 外观　　　　B. 达标　　　　C. 质量　　　　D. 产量

20. 班组长的执行力体现忠诚与责任。班组长要（　　），认认真真地履行自己的职责，带动班组严谨务实、脚踏实地、埋头苦干。

A. 高标准　　　B. 严要求　　　C. 尽心尽力　　D. 不折不扣

21. 班组长要有针对性地加强学习，通过学习实践提高工作能力，包括（　　）、协调能力、决策能力以及创新能力。

A. 领悟能力　　B. 计划能力　　C. 指挥能力　　D. 控制能力

22. 职业道德的养成能使班组长具有（　　），还会有助于提高团结沟通的情商。

A. 承担责任的勇气　　　　　　　　B. 扎扎实实的工作作风
C. 开拓创新的意识　　　　　　　　D. 和领导搞好关系的能力

23. 班组不可缺少执行力，班组的执行力取决于班组长，没有执行力便没有（　　）。
A. 安全生产　　　B. 平稳运行　　　C. 战斗力　　　D. 绩效

24. 班组长在执行过程中要（　　），执行规定动作，禁止自选动作。
A. 不躲闪　　　B. 不敷衍　　　C. 不另搞一套　　　D. 不一视同仁

25. 班组执行的不单单是任务、目标和指令，还包括对（　　）的执行，往往这种执行更重要，必须是无条件、没有任何借口的执行。
A. 规章制度　　　B. 操作规程　　　C. 领导指派　　　D. 临时工作

26. 班组长实施执行力要抓好的环节包括：（　　）、控制准、反馈明、奖罚公。
A. 目标精　　　B. 计划细　　　C. 沟通勤　　　D. 方法简

27. 班组长实施执行力要明确的要求包括：（　　）、出现差错勇承担、总结工作谈改进。
A. 接受工作问要求　　　　　　　　B. 准备工作讲细节
C. 布置工作定标准　　　　　　　　D. 实施工作求实效

28. 对于生产班组，实施执行力的能力就是（　　）、发现隐和排除故障等，都需要技能。
A. 生产技能　　　B. 生产操作　　　C. 安全巡检　　　D. 遵章守纪

29. 技能培训要结合生产实际，需要什么培训什么，哪里薄弱培训哪里。要（　　）、要侧重实践、形式多样。
A. 有经费　　　B. 有计划　　　C. 有落实　　　D. 坚持长期性

30. 保持执行力长期可靠，班组长要积蓄执行力能量，要（　　）。
A. 提高员工的责任意识　　　　　　B. 关注员工的成长
C. 关爱员工　　　　　　　　　　　D. 有激励机制

三、判断题（对的画"√"，错的画"×"）

（　　）1. 全面提升班组长素质，提高班组长驾驭班组工作的能力，是推进班组管理现代化的必然要求。

（　　）2. 政治素质与企业的发展战略、企业文化基本要求是一致的。

（　　）3. 知识水平的高低，决定事业和行动的失败与成功。

（　　）4. 思想素质决定人们对客观事物的本质和规律的认识和把握。

（　　）5. 作为一名优秀班组长，要勇于实践、总结、概括、逐步提高自己的思想素质。

（　　）6. 道德是人们在共同生活中形成的行为准则与规范。

（　　）7. 道德素质是班组长综合素质的基础和核心。

（　　）8. 班组长的业务水平高低，不但影响着自身发展，也决定着班组的整体道德水准。

（　　）9. 班组长的道德素质对班组内部道德养成有着示范效应。

（　　）10. 身心素质是身体素质与心理素质的合称。

（　　）11. 协调沟通能力包括沟通、激励、人际交往等能力。

(　　)12. 创新能力是班组长素质能力一般层次的体现。
(　　)13. 创新愿望是班组长的创新能力前提。
(　　)14. 创新思维是班组长创新能力基础。
(　　)15. 执行能力指有效利用资源，保质、保量达成目标的能力。
(　　)16. 人的素质是在长期的社会学习实践过程中提升的。
(　　)17. 班组长素质的形成与提高是一个长期学习和体验的过程。
(　　)18. 班组长唯有自省才会清醒，唯有自省才会发展，唯有自省才能淡泊。
(　　)19. 在干中学，在学中干，反思永远是增长知识、能力的课堂。
(　　)20. 班组长对客观事物的归纳和概括能使感性得到理性的升华。
(　　)21. 班组长素质与能力的提升受主观和客观条件的制约和影响。
(　　)22. 进取精神是一种向上的、立志有所作为的精神状态。
(　　)23. 自我反思和自省意识是认识自我、改造自我、提升自我的一个重要前提。
(　　)24. 班组长的执行力决定着车间的执行力。
(　　)25. 衡量执行力的标准，对个人而言是按时、按质、按量完成工作任务。
(　　)26. 生产受控的落实是对班组长执行力的检验。
(　　)27. 班组长要以坚决的执行力为生产受控提供保障。
(　　)28. 班组执行力强，管理就顺畅。
(　　)29. 班组长的有效执行力间接提升企业的管理水平。
(　　)30. 企业整体执行力的关键一环在班组。
(　　)31. 执行力的提升取决于两个要素：能力和态度。能力是关键，态度是基础。
(　　)32. 自我调节是职业道德提升的外因。
(　　)33. 职业道德的养成能使班组长具有承担责任的勇气。
(　　)34. 班组长执行力提升的最终目的是带领整个班组体现良好的执行力。
(　　)35. 执行力差的原因主要是不知道干什么、不知道怎么干，干起来不顺畅。
(　　)36. 班组长在执行过程中要不躲闪、不敷衍、不另搞一套，执行自选动作。
(　　)37. 实施执行力不能被动，不能只满足于简单的完成，要主动地努力超越期望，在完成任务的基础上多做一点、多付出一点。
(　　)38. 石油精神和大庆精神铁人精神是中国石油的灵魂和根基，是公司核心竞争力和独特文化优势的重要体现。
(　　)39. 对企业忠诚要着眼大局、尽职尽责，靠工作的严格要求来实施执行力。
(　　)40. 接受工作问要求、准备工作讲细节、布置工作定标准。
(　　)41. 实施工作求实效、出现差错勇承担、总结工作谈改进。
(　　)42. 程序化管理是告诉员工怎么做，制定明确的执行流程和标准。
(　　)43. 格式化训练是告诉员工怎么做，教正确的方法，反复练，不出错，做到位。
(　　)44. 规范化操作是让员工学规程，记规章，养成不违规的习惯。
(　　)45. 经常化检查是发现问题，解决问题，及时上报，等候通知改进。
(　　)46. 企业整体执行力的效果决定于有计划、有组织、有领导、有控制。
(　　)47. 执行力文化要突出班组自身特色，不同时期有不同的重点，与班组成员认可和接受无关。

( ) 48. 班组长执行力不仅仅在于实施的意愿和行动，还要求实施的质量。
( ) 49. 班组长抓好技能培训就是打牢执行力的根基。
( ) 50. 班组长主动实施执行力与被动实施不一样。

四、简答题

1. 班组长的素质要素包括哪些方面？

2. 班组长的能力要素包括哪些方面？

3. 请结合自己的实际工作体会，简要说明如何提升班组长的素质和能力？

4. 班组长的执行力包含哪些要点？

5. 班组长执行力的重要性有哪些？

6. 怎样提高班组长的工作实践能力？

7. 班组长实施执行力的实践方法包括哪七个环节？

8. 班组长实施执行力的实践方法需要掌握哪四项操作？

9. 班组长应该从哪几个方面入手打造优秀的执行团队？

第十三章 班组长的素质与能力培养

参考答案

一、单项选择题

1. B 2. A 3. D 4. C 5. C 6. D 7. B 8. A 9. B 10. B
11. A 12. D 13. B 14. C 15. A 16. B 17. C 18. D 19. A 20. B
21. B 22. A 23. C 24. D 25. B 26. B 27. D 28. A 29. C 30. C
31. A 32. D 33. B 34. B 35. C 36. D 37. D 38. A 39. A 40. C
41. C 42. B 43. D 44. A 45. D 46. C 47. A 48. B 49. D 50. B

二、多项选择题

1. BC 2. ABC 3. ABC 4. ABC 5. ABD 6. ACD 7. ABCD 8. ABCD
9. ABC 10. ABCD 11. ABCD 12. ABD 13. ABCD 14. ABC 15. ABC
16. BCD 17. ABC 18. ABC 19. CD 20. ABCD 21. ABCD 22. ABC
23. ABCD 24. ABC 25. AB 26. ABCD 27. ABCD 28. ABC 29. BCD
30. ABCD

三、判断题

1. ×　正确答案：全面提升班组长素质，提高班组长驾驭班组工作的能力，是推进班组管理现代化的客观要求。　2. √　3. ×　正确答案：思想素质的高低，决定事业和行动的失败与成功。　4. √　5. √　6. √　7. √　8. ×　正确答案：班组长的素质高低，不但影响着自身发展，也决定着班组的整体道德水准。　9. √　10. √　11. √　12. ×　正确答案：创新能力是班组长素质能力高层次的体现。　13. √　14. ×　正确答案：创新技能是班组长创新能力基础。　15. √　16. √　17. √　18. √　19. ×　正确答案：在干中学，在学中干，实践永远是增长知识、能力的课堂。　20. √　21. √　22. √　23. √　24. ×　正确答案：班组长的执行力决定着班组成员的执行力。　25. √　26. √　27. √　28. √　29. ×　正确答案：班组长的有效执行力直接提升企业的管理水平。　30. √　31. ×　正确答案：执行力的提升取决于两个要素：能力和态度。能力是基础，态度是关键。　32. ×　正确答案：自我调节是职业道德提升的内因。　33. √　34. √　35. √　36. ×　正确答案：班组长在执行过程中要不躲闪、不敷衍、不另搞一套，执行规定动作，禁止自选动作。　37. √　38. √　39. ×　正确答案：对企业忠诚要着眼大局、尽职尽责。靠工作的主动性来实施执行力。　40. √　41. √　42. ×　正确答案：程序化管理是告诉员工做什么，制定明确的执行流程和标准。　43. √　44. √　45. ×　正确答案：经常化检查是发现问题，解决问题，及时反思，及时改进。　46. √　47. ×　正确答案：执行力文化要突出班组自身特色，不同时期有不同的重点，要得到班组成员的共同认可和接受。　48. √　49. √　50. √

四、简答题

1. 班组长的素质要素包括政治素质（0.2）、思想素质（0.2）、道德素质（0.2）、文化技术知识素质（0.2）、身心素质（0.2）。

2. 班组长的能力要素包括组织领导能力（0.2）、生产运行操作能力（0.2）、观察思维能力（0.2）、协调沟通能力（0.2）、创新能力、执行能力（0.2）。

3. （1）培养学习能力；（0.2）
　　（2）树立进取精神；（0.2）
　　（3）养成自省意识；（0.2）
　　（4）交流增长学识；（0.2）
　　（5）实践增长才干；（0.1）
　　（6）善于总结归纳。（0.1）

4. 班组长的执行力包含完成任务的意愿（0.2）、完成任务的能力（0.4）、完成任务的程度。（0.4）

5. （1）执行力铸牢安全生产基础；（0.2）
　　（2）执行力保障生产受控；（0.2）
　　（3）执行力促进管理顺畅；（0.2）
　　（4）执行力实现企业目标；（0.2）
　　（5）执行力体现忠诚与责任。（0.2）

6. 班组长工作能力的提高首先要靠企业加强培训，企业要建立提高班组长执行能力的机制。（0.2）其次要靠班组长的自我努力，班组长要有针对性地加强学习，通过学习实践提高工作能力，（0.2）包括领悟能力、计划能力、指挥能力、控制能力、协调能力、决策能力以及创新能力。（0.4）具备了这些能力，执行力也就得到了提升。（0.2）

7. 抓好七个环节：目标精、计划细、沟通勤、方法简、控制准、反馈明、奖罚公。

8. 掌握四项操作：程序化管理——告诉员工做什么，制定明确的执行流程和标准；格式化训练——告诉员工怎么做，教正确的方法，反复练，不出错，做到位；规范化操作——让员工学规程、记规章，养成不违规的习惯；经常化检查——发现问题，解决问题，及时反思，及时改进。

9. （1）营造班组执行力文化。班组执行力文化的核心内容就是班组成员团结一致，一切行动听指挥，追求团体荣誉和业绩。班组要结合实际情况建设班组文化，由班组成员共同探讨确定文化内涵，形成易记易懂的提示警句或格言。执行力文化要突出班组自身特色，不同时期有不同的重点，要得到班组成员的共同认可和接受等。（0.5）
　　（2）打牢班组执行力根基，班组长抓好技能培训就是打牢执行力的根基等。（0.2）
　　（3）积蓄班组执行力能量。一是要提高员工的责任意识；二是要关注员工的成长；三是要关爱员工；四是要有激励机制等。（0.3）

第十四章 班组思想政治工作及文化建设

一、单项选择题（每题4个选项，只有1个是正确的，将正确的选项号填入括号内）

1. 社会主义核心（　　）教育是思想政治工作的根本和主旋律，是班组思想政治工作的主要任务。
   A. 价值观　　　B. 人生观　　　C. 世界观　　　D. 现实观

2. 班组思想政治工作就是针对班组成员在工作、学习、生活实践中的思想实际和发生在生产中的各种矛盾，开展的以社会主义思想道德核心为主要内容的（　　）活动。
   A. 育才教育　　B. 思想教育　　C. 文化教育　　D. 能力培训

3. 班组思想政治工作就是针对班组成员在工作、学习生活实践中的思想实际和发生在生产中的各种矛盾，以（　　）为主要内容的思想教育活动。
   A. 企业规章制度　　　　　　B. 社会主义思想道德核心内容
   C. 岗位应知应会　　　　　　D. 员工个人期望

4. 思想政治工作的目的是提高员工（　　），调动员工的积极性和创造性，以保证班组各项任务的完成。
   A. 思想觉悟　　B. 岗位胜任能力　　C. 心理素质　　D. 应急处置能力

5. 社会主义核心价值观教育是思想政治工作的（　　）和主旋律，是班组思想政治工作的主要任务。
   A. 原则　　　　B. 基础　　　　C. 纲领　　　　D. 根本

6. 企业要把员工的利益与企业的发展紧密结合起来，坚定信心，（　　），努力工作。
   A. 积极进取　　B. 取长补短　　C. 凝聚人心　　D. 突出个体

7. 大庆精神和铁人精神是石油行业的（　　），也是中华民族精神的重要组成部分。
   A. 职业精神　　B. 人文精神　　C. 思想支柱　　D. 企业精神

8. （　　）是一种行为规范，是介于法律和道德之间的一种特殊的规范，它既要求人们能自觉遵守，又带有一定的强制性。
   A. 规章制度　　B. 纪律　　　　C. 职业道德　　D. 员工手册

9. （　　）就是理解别人的想法、感受，从对方的立场来看人、看事。
   A. 合理期望　　B. 谈心谈话　　C. 换位思考　　D. 说服教育

10. 企业文化从结构上看由三个层面组成：（　　）、行为制度层和物质层。
    A. 思想层　　　B. 精神层　　　C. 意念层　　　D. 认知层

11. 班组文化的凝聚功能是指当一种价值观被员工共同认可后，它就会成为一种黏合力，从各个方面把其成员聚合起来，产生一种巨大的（　　）。
    A. 向心力　　　B. 掌控力　　　C. 凝聚力　　　D. 向心力和凝聚力

12. （　　）最能代表班组员工的精神风貌和文化内涵，班组在长期的生产管理实践中形成的好做法、好传统、好风尚、好习惯等体现着企业文化的特色，是建设班组文化最好的材料。

　　A. 先进人物的事迹和工作经验　　　B. 班组长的意见
　　C. 企业文化　　　　　　　　　　　D. 大多数员工的思想

13. 文化要落实在（　　）上，必须建立与文化理念相配套的管理制度和行为规范，把文化理念、制度和行为规范融为一体。

　　A. 精神　　　B. 物质　　　C. 制度　　　D. 行为

14. 班组成员的行为是班组文化的（　　）表现，班组文化理念是通过成员的行为被外界所感知。

　　A. 个性化　　　B. 人格化　　　C. 行为化　　　D. 制度化

15. 班组的各种文化活动是班组文化（　　）的有效载体，班组通过开展丰富多彩的活动，向员工传播理念，让员工理解理念、认同理念、践行理念、创新理念。

　　A. 落地　　　B. 设计　　　C. 发展　　　D. 实施

16. 文化环境的营造是形成班组文化氛围的重要支撑，是班组对内形成凝聚力和对外形成影响力的重要保证。班组文化环境由（　　）和人文环境组成。

　　A. 文化视觉环境　　B. 员工口口相传　　C. 制度上墙　　D. 班组基本设施

17. 班组长要有较强的（　　）能力，通过班组文化建设让大家"把想不通的事想通；把不想做的事做好；把看不顺的人看顺；把咽不下气的咽下；把已磨灭的激情激发"。

　　A. 组织策划　　　B. 情绪疏导　　　C. 化解矛盾　　　D. 心理辅导

18. （　　）是班组文化的代言人，努力发掘各个岗位上的模范人物，大力弘扬和表彰他们的先进事迹，将他们的行为规范化，将他们的故事理念化，从而使班组文化理念得以形象化。

　　A. 技术能手　　　B. 班组模范人物　　　C. 班组长　　　D. 青年员工

19. （　　）不是对企业管理制度、操作流程的否定，而是通过制度公约化的引导，使企业的各项制度更贴近班组实际、更容易被员工接受，更便于操作。

　　A. 班组制度　　　B. 班组文化　　　C. 班组流程　　　D. 班组公约

20. （　　）是企业文化主体结构的重要组成部分。

　　A. 班组公约　　　B. 企业制度　　　C. 法律法规　　　D. 班组制度

二、多项选择题（每题有4个选项，至少有2个是正确的，将正确的选项号填入括号内）

1. 企业文化是指长期发展和经营过程中形成的、并且被全体员工共同遵守的（　　）、行为规范及企业形象的总和。

　　A. 世界观　　　B. 价值观　　　C. 经营理念　　　D. 管理制度

2. 文化从结构上看，由三个层面组成：（　　）。

　　A. 精神层　　　B. 行为制度层　　　C. 物质层　　　D. 制度层

3. 文化的核心构成包括三部分：（　　）。

　　A. 班组理念文化　　　　　　　B. 班组行为制度文化

C. 班组形象环境文化　　　　　　　D. 班组工作文化
4. 文化理念主要由（　　）等组成。
　A. 班组口号　　　B. 班组目标　　　C. 班组精神　　　D. 班组建设
5. 精神是班组成员所具有的共同（　　），体现着班组的精神风貌和风气。
　A. 内心态度　　　B. 思想境界　　　C. 理想追求　　　D. 理论知识
6. 设计和提炼班组文化理念的要求体现明确性、认同性、通俗性、（　　）。
　A. 独特性　　　B. 激励性　　　C. 实用性　　　D. 特别性
7. 在长期的生产管理实践中形成的（　　）、好习惯等体现着企业文化的特色，是建设班组文化最好的材料。
　A. 好做法　　　B. 好传统　　　C. 好风尚　　　D. 好思想
8. 班组的各种文化活动是班组文化落地的有效载体，班组通过开展丰富多彩的活动，向员工传播理念、让员工（　　）。
　A. 理解理念　　　B. 认同理念　　　C. 践行理念　　　D. 创新理念
9. 文化活动包括：（　　）、亲情管理等活动。
　A. 合理化建议　　B. 自主管理　　　C. 透明管理　　　D. 精细管理
10. 要了解成员（　　），促进员工的全面发展。
　A. 所思　　　B. 所需　　　C. 所盼　　　D. 所求
11. 班组思想政治工作要围绕（　　），体现思想政治工作的实效性，提高员工的整体素质。
　A. 员工关心的热点　　　　　　　B. 难点和焦点
　C. 解决实际问题　　　　　　　　D. 围绕生产经营
12. 班组思想政治工作的基本任务包括（　　）。
　A. 社会主义核心价值观教育　　　B. 形势任务教育
　C. 企业精神教育　　　　　　　　D. 职业道德教育
13. 遵章守纪教育主要包括（　　）等。
　A. 劳动纪律　　　B. 工艺纪律　　　C. 安全纪律　　　D. 保密纪律
14. 班组核心主文化理念系统主要包括（　　）。
　A. 班组口号　　　B. 班组使命　　　C. 班组宗旨　　　D. 班组目标

三、判断题（对的画"√"，错的画"×"）

（　　）1. 文化对员工的思想、心理和行为具有约束和规范作用。
（　　）2. 班组精神是班组成员所具有的共同内心态度、思想境界和理想追求，体现着班组的精神风貌和风气。
（　　）3. 班组思想政治工作必须坚持服从教育为中心，围绕生产经营，发挥促进和保证作用的原则。
（　　）4. 班组要以大庆精神、铁人精神为动力，将中国石油特有的文化优势转化为企业发展动力，建设铁人式的员工队伍。
（　　）5. 思想政治工作是研究人的思想及思想活动规律，以提高人们认识世界和改造世界能力为内容的一门科学。

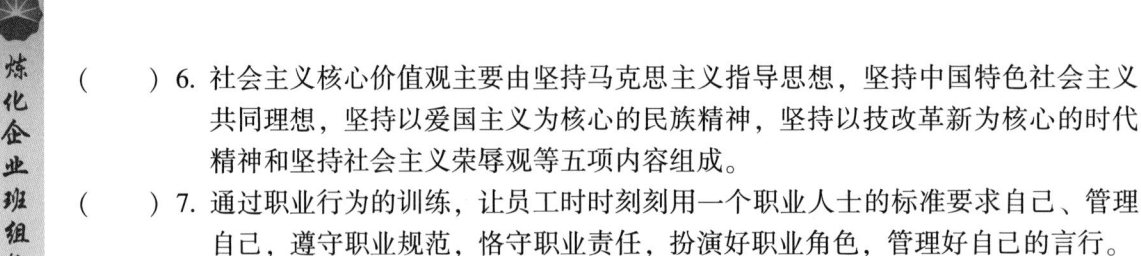

( ) 6. 社会主义核心价值观主要由坚持马克思主义指导思想,坚持中国特色社会主义共同理想,坚持以爱国主义为核心的民族精神,坚持以技改革新为核心的时代精神和坚持社会主义荣辱观等五项内容组成。

( ) 7. 通过职业行为的训练,让员工时时刻刻用一个职业人士的标准要求自己、管理自己,遵守职业规范,恪守职业责任,扮演好职业角色,管理好自己的言行。

( ) 8. 开展人文关怀与心理疏导可以有效改善干群关系、同事关系,减少员工对企业的抱怨,增强员工对企业的认同,提高员工士气,促进企业和谐发展。

( ) 9. 任何人的思想道德观念、行为习惯的形成,都不是自发产生的,而是外在灌输教育的结果。正面灌输时要多讲大话。

( ) 10. 典型示范法是思想政治工作的重要方法之一,要对先进人物、先进事迹、先进操作法、技术创新成果进行总结,进行大张旗鼓的宣传和奖励。

( ) 11. 班组文化的核心构成包括两部分:班组行为制度文化和班组形象环境文化。

( ) 12. 班组口号是班组文化理念的综合表达,是班组的文化标签,是班组文化理念的核心部分。用它来统一大家的思想和行动。

( ) 13. 班组制度个性化是班组管理从专制走向民主、从被动走向主动、从他人管理走向自我管理的重要标识。

( ) 14. 安全文化活动包括合理化建议、自主管理、透明管理、精细管理、亲情管理等活动。

( ) 15. 技术革新活动包括创新命名会、创意研讨会、技改研讨会、小发明、小创造、小设计等活动。

( ) 16. 人文环境建设是指在班组建立一个互助互爱、和谐共进的人文管理软环境。

( ) 17. 企业文化的理念是靠企业广播来传播的,一个个动人声音常常能提炼出深刻的文化理念。

( ) 18. 上级的要求是班组应全力做好的工作任务,根据这种要求来进行文化理念的设计,会使文化理念的定位更加准确。

( ) 19. 班组文化建设只有从班组存在的主要矛盾入手,才能够引起员工的共鸣,使班组文化建设与生产经营结合、与员工思想实际结合,增强班组文化的针对性、实用性。

四、简答题

1. 班组思想政治工作的主要做法有哪些?

2. 班组文化建设的意义是什么?

3. 如何沟通班组文化理念？

4. 如何设计、选择和开展班组活动？

5. 班组文化环境建设的途径有哪些？

参考答案

一、单项选择题

1. A 2. B 3. B 4. A 5. D 6. C 7. D 8. B 9. C 10. B
11. D 12. A 13. D 14. B 15. A 16. A 17. B 18. B 19. D 20. B

二、多项选择题

1. BCD 2. ABC 3. ABC 4. ABC 5. ABC 6. ABC 7. ABC 8. ABCD
9. ABCD 10. ABCD 11. ABC 12. ABCD 13. ABCD 14. ABCD

三、判断题

1. √ 2. √ 3. × 正确答案：班组思想政治工作必须坚持服从经济为中心，围绕生产经营，发挥促进作用的原则。 4. √ 5. √ 6. × 正确答案：社会主义核心价值观主要由坚持马克思主义指导思想，坚持中国特色社会主义共同理想，坚持以爱国主义为核心的民族精神，坚持以改革创新为核心的时代精神和坚持社会主义荣辱观等五项内容组成。 7. × 正确答案：通过职业行为和职业习惯的训练，让员工时时刻刻用一个职业人士的标准要求自己、管理自己，遵守职业规范，恪守职业责任，扮演好职业角色，管理好自己的言行。 8. √ 9. × 正确答案：任何人的思想道德观念、行为习惯的形成，都不是自发产生的，而是外在灌输教育的结果。正面灌输时要少讲大话、空话、套话。 10. √ 11. × 正确答案：班组文化的核心构成包括三部分：班组理念文化、班组行为制度文化和班组形象环境文化。 12. √ 13. × 正确答案：班组制度公约化是班组管理从专制走向民主、从被动走向主动、从他人管理走向自我管理的重要标识。 14. × 正确答案：管理文化活动包括合理化建议、自主管理、透明管理、精细管理、亲情管理等活动。 15. √ 16. √ 17. × 正确答案：企业文化的理念是靠故事来传播的，一个个动人的故事常常能提炼出深刻的文化理念。 18. √ 19. √

四、简答题

1. 正面灌输法、先情后理法、典型示范法、培养特长法、合理期望法、活动竞赛法、换位思考法、动态掌控法、环境熏陶法、三明治批评法。

2. 班组文化建设的意义在于塑造出有利于企业和班组发展的价值观念、思维模式、行为逻辑、精神士气、文化氛围、形象面貌等，从而形成一个强有力的磁场，影响、同化、塑造、改变班组成员，形成"心齐、气顺、人和、劲足"的"命运共同体"。

3. 班组文化理念是班组文化的核心部分，是班组文化的灵魂，主导和支配着企业文化的其他部分。班组文化理念主要由班组口号、班组目标、班组精神等组成。

4. 每个班组应该根据自己的文化理念，结合班组员工的需要和特点，有针对性地设计、选择和开展各种活动。(0.2)

在设计、选择和开展班组活动时要注意以下几点：

（1）赋予活动以深刻的文化内涵，不能为活动而活动；(0.1)

（2）活动不是单一的文体活动，要侧重围绕班组的文化理念搞活动；(0.2)

（3）增加活动的有趣性和有用性，提高大家参与的意愿；(0.1)

（4）让每个成员都成为活动的主体，都参与活动的策划和实施，在活动中获得成长的体验；(0.2)

（5）要不断地创新活动的内容和形式；(0.1)

（6）活动要注重实效。(0.1)

5.（1）建立和谐班组，班组长要牢固树立和谐发展理念，培养班组的事情大家议、大家管、大家干的良好民主意识；(0.4)

（2）为成员创造成长平台，让肯干事的员工有发展的空间、有前进的方向。给员工提供一个实现自我价值的平台，真正做到员工和企业共成长。(0.6)

第十五章 班组员工心理健康与疏导

一、单项选择题（每题4个选项，只有1个是正确的，将正确的选项号填入括号内）

1. 心理健康人的个性特征是有机统一的、（　　）。
   A. 持续的　　　　B. 变化的　　　　C. 适应的　　　　D. 稳定的
2. 健康这一概念的基本内涵应包括生理健康、心理健康及（　　）这三个方面。
   A. 收入稳定　　　　　　　　B. 人际和谐
   C. 社会适应良好　　　　　　D. 合理认知
3. 常用的心理防御机制有：压抑、发泄、自弃、（　　）、转移、代偿、升华、幽默等。
   A. 放松　　　　B. 购物　　　　C. 聊天　　　　D. 自我安慰
4. 宣泄的主要方式有以下几种：（　　）、书写、运动、哭泣、喊叫等。
   A. 倾诉　　　　B. 生气　　　　C. 宽恕　　　　D. 自我安慰

二、多项选择题（每题有4个选项，至少有2个是正确的，将正确的选项号填入括号内）

1. 国际上通常将以下要素作为判定心理健康的标准：（　　），意志品质健全，自我意识正确，个性结构完整，环境适应良好。
   A. 智力正常　　　　　　　　B. 心理行为符合年龄特征
   C. 人际关系和谐　　　　　　D. 情绪积极稳定
2. 员工所承受的主要心理压力方面包括（　　）。
   A. 职场压力　　　B. 社会压力　　　C. 个体压力　　　D. 疾病压力

三、判断题（对的画"√"，错的画"×"）

（　　）1. 心理不健康是指一种持续的不良状态，偶尔出现一些不健康的心理和行为并不等于心理不健康，更不等于已患心理疾病。
（　　）2. 压力是把双刃剑，它有积极的作用，也有消极的作用。
（　　）3. 自弃这种防御只能使自己暂时获得心理上的安宁，不解决根本问题，是一种消极的防御机制。
（　　）4. 某人经专科医院心理科诊断为中重度抑郁，他担心药有副作用，自行停药，没有按医嘱用药。

参考答案

一、单项选择题

1. D 2. C 3. D 4. A

二、多项选择题

1. ABCD 2. ABCD

三、判断题

1. √ 2. √ 3. √ 4. × 正确答案：某人经专科医院心理科诊断为中重度抑郁，他担心药有副作用，和医生咨询了解，不能自行停药，应遵医嘱持续稳定用药。